믿음의 여정: 그녀들의 길, 우리의 길

믿음의 여정

그녀들의 길, 우리의 길

"그녀의 손에서 난 것을 그녀에게 돌려라.
그녀가 한 일에 대해
성문 안에서 칭찬이 자자하게 하여라."

잠언 31:31 (우리말 성경)

서문

　십여 년 전 충무교회에서 권사님들과 집사님들 열두 분과 모여서 여성 성경 공부를 시작했습니다. 그 성경 공부의 강의안이 지금 이 책으로 세상에 나오게 되었습니다.

　그동안 성경 속의 여성들도 몇 명은 바뀌게 되었고, 모두 열 명의 성경 속 여성들로 정해서 성경 공부를 진행했습니다. 성경 속의 여성들도 우리와 같은 성정을 가지고 삶의 여러 어려움들을 극복하면서 이름을 남기게 되었다는 것을 서로 알아가게 되었습니다. 그들을 이끌어 주신 하나님의 전적인 은혜를 여러 방면으로 바라보는 시간이었습니다.

　2023년 신당중앙교회로 사역지를 옮기고 난 후 해피맘 스쿨이라는 여성 사역의 연장으로 "성경 속 믿음의 여인들" 강의를 다시 하게 되었습니다. 성경 공부를 진행하면서 교재의 필요성을 느끼고 있을 때 기획

출판의 권유로 보완된 강의안이 책으로 출간되었습니다. 강의했던 열 명의 여성 중에서 이 책은 다섯 명의 삶의 여정을 따라가 봅니다.

초고를 쓰는 것보다 탈고를 하는 과정이 더 힘들고 어려웠음을 고백하게 됩니다. 개인적으로 탈고를 하는 동안 많은 일들을 겪게 되면서 성경 속의 여성들도 평탄한 삶을 살았던 사람이 한 명도 없었음을 알게 되었습니다. 이것이 저에게 집필에 집중하게 하는 힘이 되어 주었습니다.

마찬가지로 이 책을 가지고 성경 공부를 하게 될 여성들도 성경 속의 여성들의 삶을 통해서 새로운 소망과 은혜를 발견하게 되길 바랍니다.

이 책은 사역자가 성경 공부를 진행한 후에 소그룹으로 나누어서 질문을 서로 나누는 방식으로 진행하도록 집필했습니다. 그렇지만 사역자가 없이 소그룹으로 여성들이 모여서 책을 읽고 나눔의 질문을 서로 하는 형식으로 진행해도 무방하도록 구성하였습니다.

이 책이 많은 사역을 하지만 교회 안에서 지쳐가는 여성들에게 또는 이제 하나님의 말씀을 배우고 싶어 하는 여성들에게 말씀을 향한 열정을 불러오길 소망합니다. 공동체 안에서 성장하길 원하는 여성들에게 이 여정을 함께 하는데 작은 도움이 되길 바라고 축복합니다.

또한 여성 사역자들이 쉽게 여성들과 소통하며 성경 말씀을 나눌 수 있는 교재로도 사용되길 바랍니다.

책을 쓰는 동안 마음으로 지지해주신 신당중앙교회 여러 권사님, 집사님들께 감사드립니다.

그리고 늘 옆에서 크고 작은 저의 목소리에 귀를 기울여 준 박희연 님에게 더욱 감사를 드립니다.

마지막으로 하나님 나라에 계신 사랑하는 엄마와 아빠께 고맙고 그리운 마음을 전하면서 곧 만나게 될 날을 소망하며 이 책을 드립니다.

목차

서문 - 6

Ⅰ. 하와

천지를 창조하시고 - 14
돕는 베필 - 23
남편이 지어 준 이름 : 모든 생명의 어머니 - 29
여호와의 이름을 불렀더라 - 37

Ⅱ. 사라

고향과 친척과 아버지의 집을 떠나 - 46
열매 맺지 못하는 여인의 오해 - 54
새로운 이름 - 61
웃음이 된 나의 아들 - 68

Ⅲ. 미리암

갈대 상자를 따라서 - 78
아론의 누이 선지자 미리암 - 84
질투의 끝 - 88
광야에서의 죽음 - 95

Ⅳ. 라합

소문으로만 듣던 전능자 - 102
상상에서 현실로 - 107
구원의 줄 - 113
그리스도의 족보에 오른 여인 - 119

Ⅴ. 룻

룻기 - 126
이삭 줍기 - 135
옷자락으로 덮어 주세요 - 140
기업 무를 자 - 145

〈인간의 몰락과 애가〉, 휴고 반 데르 후스, 1479년 이후, 빈 미술사 박물관, 오스트리아

I

하와

생명이 있는 모든 것의 어머니

1. 천지를 창조하시고

천지를 창조하시니라

"태초에 하나님이 천지를 창조하시니라
땅이 혼돈하고 공허하며 흑암이 깊음 위에 있고
하나님의 영은 수면 위에 운행하시니라
하나님이 이르시되 빛이 있으라 하시니 빛이 있었고"(창1:1-3)

2022년 7월 11일에 우주에서 여러 장의 사진들이 전송되어 왔습니다. 제임스웹 천체 망원경이 보낸 첫 사진들이었습니다. 제임스웹의 첫 사진들은 우주의 미세한 부분을 아주 세밀하게 관측해서 보내온 것들이었습니다. 놀라운 사실은 이 미세한 작은 부분에 관측이 된 별들의 양이 어마어마하다는 것입니다. 그 미세한 공간의 크기는 다음과 같았습니다.

나사는 "이번 사진의 영역은 모래알 하나를 집어 들어 팔을 쭉 폈을 때 하늘에서 차지하는 공간 정도"라고 설명했습니다.

그 작은 모래 알갱이 하나 정도의 크기의 공간에는 수천 개의 별들이 있었고, 우리 은하와 같은 크기의 은하가 7개에서 8개까지 관측되었습니다. 더욱 성능이 좋은 천체 망원경이 만들어진다면 상상을 뛰어넘는 별들의 숫자와 은하들이 관측될 것입니다. 이처럼 하나님께서 별들을 만드셨습니다. 우주의 신비를 보면 하나님의 광대하심이 우리의 상상을 초월하는 것임에 감탄만 나오게 됩니다.

하나님께서 이렇게 천지를 창조하셨습니다.

1일 차: 빛의 창조
'빛이 있으라!'

하나님께서 빛을 만드시고, 빛과 어둠을 나누어 '낮'과 '밤'을 구분하셨습니다. 아직 해가 만들어지기 전이지만 하나님의 성품처럼 밝게 빛나는 빛을 먼저 만드셨습니다.

2일 차: 하늘(궁창)의 창조
'위와 아래를 나누라!'

물을 위(하늘)와 아래(바다)로 나누어 궁창(하늘)을 만드셨습니다.

이날은 하나님이 보시기에 좋았다는 언급이 없습니다. 창조 둘째 날에는 창조의 과정이 다음 날로 이어지면서 아직 완전히 마무리되지 않았기 때문에 셋째 날에 이르러서야 공간을 가득 채우는 완성 후에 "좋았더라"는 평가가 두 번 거듭 언급되었음을 알 수 있습니다.

3일 차: 땅과 식물의 창조

'땅이 드러나라, 식물이 자라나라!'

바닷물이 한곳으로 모이면서 땅이 드러나고, 땅 위에 풀, 나무, 식물이 자라게 하셨습니다.

4일 차: 해, 달, 별의 창조

'하늘에 빛나는 것들!'

낮을 밝히는 해, 밤을 밝히는 달과 별들을 만드셨습니다.

5일 차: 물고기와 새의 창조

'물과 하늘에 생명이 가득!'

바다에는 물고기와 해양생물, 하늘에는 새들을 가득하게 만드셨습니다. 바다와 하늘을 가득 채운 생물들에게 복을 주셨습니다. 스스로 움직이는 모든 생물들에게 하나님께서 복을 주시고 번성하라고 명령하셨습니다.

6일 차: 동물과 사람의 창조

'땅에 생명, 사람도!'

땅에는 동물들이 종류대로, 그리고 마지막으로 하나님의 형상대로 사람이 창조되었습니다.

7일 차: 안식

'모든 것의 완성, 쉬셨다!'

하나님께서 모든 창조를 마치시고 일곱째 날에 쉬셨습니다.

여섯째 날을 주목해서 본다면 하나님께서 만드신 모든 공간은 하나님께서 말씀하신 창조물들로 가득 채워졌습니다.
그리고 비로소 하나님께서 말씀하셨습니다.

"우리의 형상을 따라 우리의 모양대로 우리가 사람을 만들고 그들로 바다의 물고기와 하늘의 새와 가축과 온 땅과 땅에 기는 모든 것을 다스리게 하자."(창1:26)

하나님께서 자신의 형상대로 모든 생물들을 다스리게 할 존재를 만들기로 결정하셨습니다. 하나님께서 사람을 창조하셔서 사람과 인격적인 교제를 하기 원하셨고, 만물을 다스리고 관리하도록 하셨으며, 궁극적으로 하나님을 영화롭게 하기를 원하신 것입니다.

"하나님이 자기 형상 곧 하나님의 형상대로 사람을 창조하시되 남자와 여자를 창조하시고 하나님이 그들에게 복을 주시며 하나님이 그들에게 이르시되 생육하고 번성하여 땅에 충만하라, 땅을 정복하라, 바다의 물고기와 하늘의 새와 땅에 움직이는 모든 생물을 다스리라 하시니라."(창1:27,28)

하나님께서 남자와 여자를 창조하시고 그들이 온갖 채소를 먹을 수 있도록 하셨습니다. 그리고 모든 생물들을 다스리라고 하나님의 사명을 주셨습니다. 하나님께서 여섯 째 날 남자와 여자를 만드시고 심히 좋았다고 고백하셨습니다.

"하나님이 그 일곱째 날을 복되게 하사 거룩하게 하셨으니 이는 하나님이 그 창조하시며 만드시던 모든 일을 마치시고 그 날에 안식하셨음이니라"(창2:3)

하나님께서 친히 날을 거룩하게 하셔서 안식일을 통해서 모든 창조를 완성하셨습니다. 한 치의 모자람도 없는 완벽하게 좋은 '토브טוב' 상태로 완성하셨습니다.

하나님께서 안식일을 복되게 하시고 거룩하게 하셔서 사람이 쉼과 회복을 누리고, 하나님과의 관계 속에서 예배와 거룩함을 경험하며, 하나님의 복을 받도록 하셨습니다. 안식일은 창조의 완성으로서, 인간에게 주어진 축복과 거룩함의 날이 된 것입니다.

사람을 창조하시고

이렇게 창세기 1장에 이어서 창세기 2장에는 사람을 지으신 내용이 구체적으로 나옵니다. 우리가 잘 알고 있는 것처럼 하나님께서 흙으로 사람을 빚으시고, 숨을 불어넣으시며, 더욱 인격적이고 친밀한 하나님과의 관계를 보여줍니다.

하나님께서 흙으로 사람을 빚어서 남자를 먼저 만드십니다. 다른 동물들은 하나님의 말씀으로 만드셨는데 왜 인간은 하나님께서 손수 만드셨을까요? 하나님께서 인간을 특별하게 생각하시고 하나님의 형상대로 만드시기 위해서 손수 빚으셨습니다.

그리고 가장 흔한 흙으로 남자를 만드심으로 자연의 일부임을 기억하고 자연을 잘 돌볼 의무가 있음을 형체 자체에 새겨 놓으셨습니다. 그리고 그 코에 하나님의 생기를 직접 불어 넣어서 살아 있는 생령이 되게 하셨습니다. 하나님의 숨이 들어 있는 귀한 존재인 인간은 하나님과 교제할 수 있으며 하나님 없이는 살 수 없는 존재가 된 것입니다.

하나님은 남자를 아담 אדם 이라고 부르셨습니다. 아담은 흙에서 나온 단어입니다. 그리고 아담에게 에덴동산을 경작하게 하셨습니다. 하나님은 아담이 혼자 지내는 것을 원하지 않으셨습니다. 아담에게 돕는 베필을 만드실 계획으로 아담을 깊이 잠들게 하셨습니다. 아담이 깊은 잠에 빠졌을 때 아담의 갈비뼈로 그의 베필을 만드셨습니다.

하나님이 아담의 베필을 만들기 위해서 빼낸 갈비뼈는 히브리어로 첼라 צלע 입니다. 이 단어는 주로 옆면이라는 뜻으로 사용되고, 갈비뼈라는 뜻으로는 이곳에서만 유일하게 쓰였습니다. 그래서 여자는 남자의 머리도 아니고 남자의 발도 아니며 남자의 곁에서 함께하는 존재가 된 것입니다.

아담은 자신의 베필을 보자마자 감탄합니다. 하나님께서 만들어서 에덴동산을 아름답게 채워두신 많은 동물들의 이름을 지으면서도 하지 않았던 감탄이 저절로 그의 입에서 나왔습니다.

"내 뼈 중의 뼈요 살 중의 살이라 이것을 남자에게서 취하였은즉 여자라 부르리라."(창2:23)

아담의 베필의 이름은 아담에 의해서 '여자'라는 이름이 주어졌습니다. 아담과 여자는 하나님께서 원하시는 가정을 이루게 됩니다.

"이러므로 남자가 부모를 떠나 그의 아내와 합하여 둘이 한 몸을 이룰지로다."(창2:24)

창세기 2장까지의 이야기 속에서 우리의 하와는 아직 아무런 역할이 없이 존재만 합니다. 그럼에도 하나님께서 가장 정성을 다해 만든 존재입니다. 가장 귀한 존재로 가장 마지막에 창조하신 존재를 향한 하나님의 마음은 사랑이었습니다.

베드로 사도의 주장대로 연약한 그릇이며 생명의 은혜를 같이 이어갈 존재임을 기억해야 합니다.

"남편들아 이와 같이 지식을 따라 너희 아내와 동거하고 그를 더 연약한 그릇이요 또 생명의 은혜를 함께 이어받을 자로 알아 귀히 여기라 이는 너희 기도가 막히지 아니하게 하려 함이라."(벧전3:7)

하와는 여자라는 이름으로 에덴동산에서 하나님과 교제하며 기쁨의 나날을 보내게 되었습니다.

말씀을 통해 깊이 생각하기

1. 창세기 1장의 인간의 창조를 정리해보세요.

2. 아담와 그의 베필을 하나님께서 직접 흙으로 지으신 이유는 무엇일까요?

3. 아담의 갈비뼈를 사용해서 여자를 만드신 이유가 무엇일까요?(창세기 2:18-25)

4. 내게 있는 하나님의 형상은 무엇인지 나누어 보세요.

2. 돕는 베필

여성의 자존감

도브 비누를 생산하는 미국의 유니레버 사에서 2004년 한 달 정도 10개국의 18세에서 64세 여성 3,200명을 대상으로 설문 조사를 했습니다.

그 결과 단 4%의 여성만이 자신이 아름답다고 응답했고, 87%의 여성은 자신의 아름다움에 만족하지 못한다고 응답했습니다.

도브는 계속해서 설문 조사를 진행했는데 시장조사기관 에델만 DXI에 의뢰해 2024년 11~12월 온라인상에서 공개한 〈뷰티의 현주소 보고서 The Real State of Beauty Report〉를 통해 새로운 보고를 했습니다.[1]

"조사결과를 보면 밀레니얼 세대 여성들의 신체 자신감 body confidence이 다른 세대들에 비해 가장 낮은 것으로 드러났습니다. 여성 3명당 1명꼴로

---

[1] 설문 조사는 전 세계 20개국에서 총 3만 3,000여명을 대상으로 진행되었습니다. 조사대상자들은 1만 9,306명의 18~64세 연령대 성인(여성 1만4,673명 / 남성 3,776명)들과 1만4,292명의 10~17세 연령대 청소년(여아 9,475명 / 남아 4,753명) 등으로 구성되어 있었습니다.

완벽한 몸매를 가꾸겠다는 신년 계획은 아예 포기했다고 답변했음이 눈에 띄었습니다. 아울러 69%의 응답자들은 낮은 신체 자신감 때문에 사회 활동에 참여하지 않고 있다고 인정했습니다."

시대가 빠르게 변화함에도 불구하고 여성들을 향한 신체적, 사회적 기준이 더욱 가혹해져서 여성들 자신이 낮은 자존감을 가지고 살아가게 된다는 보고입니다. 오랜 남성 중심의 사회에서 여성들은 여러 분야에서 많은 제약을 받으며 생존했습니다.

하나님께서 아담에게 돕는 베필을 지어주기로 계획하셨습니다.

"여호와 하나님이 이르시되 사람이 혼자 사는 것이 좋지 아니하니 내가 그를 위하여 돕는 배필을 지으리라 하시니라."(창2:18)

돕는 베필은 히브리어로 에제르 케네그도 עֵזֶר כְּנֶגְדּוֹ 이고 그 뜻은 '동등한 위치에서 마주보며 돕는 필수적 조력자'라고 풀이할 수 있습니다. 에제르 עֵזֶר 는 강력한 도움을 뜻하는 단어로 구약에서는 주로 하나님이 인간에게 베푸는 도움을 뜻할 때 사용되는 단어입니다. 그러므로 여자는 남자에게 강력하게 도움을 주는 존재이고 그에게 딱 맞는 존재라는 것입니다.

아담의 돕는 베필로 지어진 여자는 단순한 보조자를 넘어서 상호 보완적인 관계를 가지며 깊은 관계적 도움을 주는 존재로 창조되었습니다. 그러므로 가정 안에서의 아내의 역할도 역시 보조적이거나 열등한 역할이 주어진 것이 아님을 알 수 있습니다. 그럼에도 성경 속의 여성의 지위가 매우 낮게 취급된 것을 찾아볼 수 있습니다.

오늘날까지 여성들의 지위는 늘 기울어진 운동장이나 유리 천장이라는 비유로 본래 하나님께서 남자와 여자를 창조하실 때의 역할과 지위를 온전히 찾지 못했음을 보여줍니다. 여전히 불평등과 불의, 불공정이 현재까지 존재함을 기억해야 합니다. 여성의 인권이 아직도 침해받고 평등하지 않은 나라들이 여전히 많이 남아 있음을 알아야 합니다. 아직도 가야 할 길은 멀었습니다.

하나님께서 아담에게 주신 베필은 뱀의 유혹 앞에서 무너져 버립니다. 아담의 베필인 여자는 조금의 주저함도 없이 선악을 알게 하는 나무의 열매를 따먹게 됩니다. 자신의 남편에게도 열매를 나누어 줌으로 불순종과 죄악의 길을 가게 됩니다. 이것이 여성과 남성의 지위를 갈라놓은 단초가 된 것이라는 주장은 오늘날에도 여전히 설득력있게 들립니다.

하나님께서 인간에게 자유의지를 주셔서 생명이신 하나님을 떠날 수도, 선택할 수도 있게 하신 사랑의 위대함을 우리는 자주 오해합니다. 에덴동산 안에서 하나님께서 거니시는 소리를 들을 수 있고, 하나님이 부르시는 자신들의 이름을 들을 수 있으며 다정하게 하나님과 대화를 할 수 있다는 것이 얼마나 감격스럽고 귀중하고, 놀라운 일인지를 인지하기도 전에 죄는 너무나 쉽고 빠르게 두 사람에게 다가왔습니다.

"그런데 뱀은 여호와 하나님이 지으신 들짐승 중에 가장 간교하니라 뱀이 여자에게 물어 이르되 하나님이 참으로 너희에게 동산 모든 나무의 열매를 먹지 말라 하시더냐 여자가 뱀에게 말하되 동산 나무의 열매를 우리가 먹을 수 있으나 동산 중앙에 있는 나무의 열매는 하나님의 말씀에 너희는 먹지도 말고 만지지도 말라 너희가 죽을까 하노라 하셨느니라."(창3:1-3)

뱀이 물어본 내용도 하나님께서 말씀하신 명령과 다른 것이고, 여자가 대답한 내용도 하나님께서 알려주신 것과는 교묘하게 달라져 있습니다. 그 정도의 오류는 괜찮은 것이 아닌가 여길 수도 있겠지만 그들이 명심하지 않은 하나님의 말씀은 생명의 길을 사망의 길로 바꿔놓았습니다.

"또 여자에게 이르시되 내가 네게 임신하는 고통을 크게 더하리니 네가 수고하고 자식을 낳을 것이며 너는 남편을 원하고 남편은 너를 다스릴 것이니라 하시고"(창3:16)

불순종과 죄악에는 벌이 남아 있습니다. 유혹한 뱀과 한 가정의 가장인 아담의 책임과 불순종의 주체인 여자에게 벌이 내려졌습니다. 그중에서도 여자에게는 남편의 다스림을 받을 것이라 것을 알려주십니다.

'그러나 적어도 창세기 3:16부터는 타락의 질서 속에서 이스라엘 역사의 남성 우월적이고 여성 종속적인 면모가 구약에 잘 드러나고 있습니다. 이스라엘 성전 체제에 여성 참여가 극히 제한되고 아내는 남편의 재산에 속하는 것으로 법에 규정되기도 합니다. 그래서 일부다처주의가 행해지고 가부장적 가족 제도가 이루어지고 아내는 남편을 '나의

주'라고 부르게 되었습니다.'[2]

　여자가 자신에게 주어진 정체성을 따라 에덴동산에서 남편에게 강력하게 도움을 주는 존재로 지내다가 불순종으로 인한 벌의 대가로 그녀의 돕는 베필로서의 정체성이 박탈되었을까요? 결코 그렇지 않습니다. 하나님께서 아담에게 보낸 돕는 베필은 그가 잘못된 선택으로 인류가 크나큰 벌을 받게는 되었지만 돕는 베필로서의 역할은 지속되었습니다.

　하나님께서 여자를 죄악의 주체로 두지 않으셨습니다. 하나님께서 여자를 통해서 또 다른 소망의 길과 구원의 길을 열어 두기로 하셨습니다. 그 길은 예수님께서 열어주신 새롭고 산 길이고, 그 길은 예수님께서 남성과 여성을 모두 사랑하시는 아가페의 사랑에서 기인한 길입니다.

2　『하나님이 만드신 女性』, 김세윤, 두란노 2004.

말씀을 통해 깊이 생각하기

1. 돕는 베필의 의미를 나의 언어로 적어보세요.

2. 창세기 3:14-19절을 읽고 아담과 여자에게 내려진 각각의 벌에 대해서 정리해서 적어보고, 그 벌의 의미가 영적으로 상징하는 것을 찾아보세요.

3. 뱀이 여자를 유혹한 말과 여자가 이해한 하나님의 명령이 어떻게 다른지 적어보세요.

4. 나는 나를 온전하게 사랑하고 있는지 솔직하게 나누어 보세요.

3. 남편이 지어 준 이름 : 모든 생명의 어머니

이름의 의미

부모가 자녀들의 이름을 지을 때 많은 고민과 생각을 하고 짓게 됩니다. 부모들은 자녀를 향한 소망을 담아서 이름을 짓게 됩니다.

하나님께서도 사람에게 이름을 지어주실 때 하나님의 생각과 마음과 소망을 담아서 지어주십니다. 그리고 때로는 부모가 지어준 이름을 대신해서 바꿔주시기도 합니다. 하나님께서 아직 태어나지 않은 아이의 이름을 부모에게 먼저 알려주고 부르라고 하는 경우가 있습니다. 이삭과 삼손과 세례요한 그리고 예수님의 경우가 그렇습니다. 반면 아브라함과 야곱은 하나님께서 그 이름을 바꿔주신 경우입니다. 하나님께서 한 사람의 인생이 새롭게 열리는 것을 알려주시고, 그 이름과 같은 길을 갈 것이라는 예언과 같이 이름을 바꿔주시기도 합니다.

하나님께서 최초의 인간에게 '아담'이라는 이름을 지어 불러주셨습니다. 흙으로 지었으니 그리고 흙으로 돌아갈 것이니 흙이라는 단어 아다마 אֲדָמָה 에서 아담 אָדָם 이라고 이름을 지어주셨습니다. 아담이라고 불릴 때마다 아담은 하나님께서 자신을 흙으로 지으셨음을 상기하고 또한 자신도 자연의 일부라는 것을 기억했을 것입니다. 그런데 이상하게도 하나님께서 아담의 베필인 여자에게는 이름을 지어주지 않으셨습니다.

"하나님이 자기 형상 곧 하나님의 형상대로 사람을 창조하시되 남자와 여자를 창조하시고"(창1:27)

여기에 나오는 남자와 여자는 히브리어로 남자는 자카르 זָכָר 여자는 네케바 נְקֵבָה 인데 생물학적으로 여성과 남성을 나타내는 단순한 단어입니다. 그러니까 하나님께서 남성과 여성을 하나님의 형상을 따라 창조하셨다고 창세기 1장에는 기록하고 있습니다. 아직 이름을 붙여주지 않은 상태로 묘사하고 있는 것입니다.

창세기 1장은 하나님께서 창조하신 피조물들을 차례대로 알려주시고 하나님이 창조하실 때마다 얼마나 좋으셨는지 말씀하셨습니다. 다른 동물들은 각기 종류대로 만들어 주셨습니다. 자카르는 동물의 수컷을 네케바는 동물의 암컷을 부르는 명칭이기도 합니다. 하지만 하나님은 동물들은 종류대로 만드셨고, 인간만은 남자와 여자 두 가지의 성으로 창조하셨습니다.

창세기 1장에는 아담의 이름이 등장하지 않지만 창세기 2장에 와서는 하나님께서 아담을 부르신 이름이 등장합니다.

"여호와 하나님이 흙으로 각종 들짐승과 공중의 각종 새를 지으시고 아담이 무엇이라고 부르나 보시려고 그것들을 그에게로 이끌어 가시니 아담이 각 생물을 부르는 것이 곧 그 이름이 되었더라."(창2:19)

하나님께서 남자를 아담이라고 부르겠다는 선언은 없었지만 아담에게 동물을 이끌어서 이름을 짓는 것을 관찰하고 계셨음을 알 수 있습니다. 아담이 이름을 지어준 대로 동물들의 이름이 되었고, 아담은 모든 동물들이 짝이 있음을 알게 되었습니다. 아담의 마음을 아신 하나님께서 또한 원래의 하나님의 계획에 따라서 아담의 돕는 베필을 만들어 주셨습니다. 아담은 자신의 베필을 만나자 이렇게 노래했습니다.

"아담이 이르되 이는 내 뼈 중의 뼈요 살 중의 살이라 이것을 남자에게서 취하였은즉 여자라 부르리라 하니라."(창2:23)

이 구절에서도 하나님께서 아담의 베필의 이름은 지어주시지 않지만, 아담은 그녀를 여자 '이솨 אִשָּׁה'라고 부릅니다.

남자와 여자라는 이 단어는 창세기 2장 23절에 남자는 이쉬 אִישׁ, 여자는 이솨로 창세기 1장의 남자와 여자와는 다른 단어로 나오는 것을 알 수 있습니다. 이제 남자와 여자는 동물과는 대비되는 하나님과의 사랑의 교제가 있는 인간인 남자(이쉬)와 여자(이솨)입니다.

상호관계 가운데 남자에게서 여자가 창조된 인격적인 측면을 강조하는 단어로 부르면서 이름이 된 것입니다. 아담은 그의 아내를 여자(이솨)라고 불렀고, 자신의 살 중의 살이고 뼈 중의 뼈라고 고백하며 사랑과 존중의 관계를 이어갔습니다. 하나님께서 설계하신 가정의 온전한 모습을 이루게 되었습니다.

아담은 자신의 베필을 여자(이솨)로 부르며 에덴동산에서 풍요롭고 안전하며 기쁨 가득한 하나님과의 친밀한 교제를 누리며 하나님이 원하시는 온전한 가정의 충만한 모습을 이루며 살았습니다.

하와라고 불렀으니

그렇지만 이런 온전한 관계와 충만함은 그리 길지 않아서 깨어집니다. 아담과 그의 아내인 여자(이솨)의 죄악은 인류에게 엄청난 파괴와 함께 죽음이라는 피할 수 없는 고통을 남겼음을 우리는 잘 알고 있습니다. 그럼에도 불구하고 하나님께서 범죄한 아담과 그의 아내를 향한 사랑을 멈추지 않으셨습니다. 그것은 죄악을 저지른 여자(이솨)를 통한 놀라운 계획이 있다는 하나님의 위로로 나타납니다.

"여호와 하나님이 뱀에게 이르시되 네가 이렇게 하였으니 네가 모든 가축과 들의 모든 짐승보다 더욱 저주를 받아 배로 다니고 살아 있는 동안 흙을 먹을지니라 내가 너로 여자와 원수가 되게 하고 네 후손도 여자의 후손과 원수가 되게 하리니 여자의 후손은 네 머리를 상하게 할 것이요 너는 그의 발꿈치를 상하게 할 것이니라 하시고" (창3:14,15)

여자(이솨)의 후손을 통해서 사단의 머리가 완전히 상하게 될 것이라는 예언이 여자(이솨)와 아담 모두에게 커다란 위로의 말씀이 되었습니다. 하나님께서 이런 죄악에도 불구하고 여전히 사랑하시고, 또 그녀를 향해서 놀라운 계획을 가지고 계신다는 것이 그녀에게는 위로와 소망이 되었습니다.

하나님의 말씀을 듣고 있던 아담은 갑자기 자신의 아내 여자(이솨)를 이렇게 부릅니다.

"아담이 그의 아내의 이름을 하와라 불렀으니 그는 모든 산 자의 어머니가 됨이더라."(창3:20)

아담은 그의 아내의 이름을 여자(이솨)에서 하와חוה라고 부르기 시작했습니다. 이렇게 이름을 다시 지어서 부른 이유는 무엇일까요?

그 이유는 하와의 이름 뜻에서 살펴볼 수 있을 것입니다. 하와의 이름의 뜻을 이렇게 성경은 말하고 있습니다. '모든 생명의 어머니the mother of all the living'[3]라는 것입니다. 아담과 그의 아내가 불순종과 죄악으로 인한 죄의 결과들은 하나님과의 분리, 에덴동산에서의 추방 그리고 고통과 죽음이었습니다. 이 모든 죄의 결과들로 인해서 아담의 자손들은 영원한 형벌을 받게 되었습니다.

그러나 하나님의 사랑은 하나님의 자녀를 향해서 또 다른 살 길을 마련해주셨다는 것을 아담은 깨달았습니다.

그것은 다른 누구도 아닌 바로 자신의 아내를 통해서 후손들이 구속

---

3 NIV 성경 창3:20

받을 길이 열릴 것이라는 통찰이었습니다. 그리고 하나님의 이 말씀은 자신이 원망하던 자신의 아내를 통해서 주어지는 길이라는 것이었습니다. 아담은 자신의 아내를 다시 보게 되었습니다.

자신의 아내를 통해서 모든 인류를 구할 구세주가 탄생할 것이라는 것에 대한 믿음이 생겼습니다. 그래서 아담은 비로소 자신의 아내를 모든 생명의 어머니라고, 하와라고 부르기 시작했습니다. 이 이름은 또 다른 소망의 이름이었고, 그 소망을 잃지 않으려는 아담의 노력이 담긴 이름이었습니다.

하와 이름의 어원은 하야חיה로 '살다'라는 의미에서 파생된 것입니다. 아담은 그의 아내를 통해서 온 인류를 구속할 구세주가 태어날 것이고, 또한 모든 인류가 살게 될 것을 알고 부르게 된 것입니다.

"여호와 하나님이 아담과 그의 아내를 위하여 가죽옷을 지어 입히시니라."(창3:21)

아담이 원망하던 그의 아내를 다시 보게 된 후에 하나님께서 타락한 인류를 향한 계획을 눈으로 보여주시기 위해 그들에게 가죽으로 옷을 지어서 입혀 주십니다. 가죽옷은 동물을 죽여야만 얻을 수 있고 동물이 죽을 때 피를 흘리게 됩니다. 피 흘림이 없으면 죄 사함이 없다[4]는 말씀대로 하나님께서 피의 희생제물로 자신의 독생하신 아들을 보내실 계획을 미리 보여주신 것입니다.

---

4 "율법을 따라 거의 모든 물건이 피로써 정결하게 되나니 피흘림이 없은즉 사함이 없느니라"(히브리서 9:22).

아담이 자신의 아내를 하와라고 부르기 시작하면서 하와는 이제 아담에게 종속된 여자(잇샤)가 아닌 독립된 존재로서 아담과 동등하게 살아갈 정체성을 회복하게 되었습니다. 하나님께서 여자의 이름을 지어주시지 않고 기다린 것은 바로 아담과의 관계 안에서 새롭게 정립되어야 할 정체성이 있었기 때문이었습니다. 아담은 아내를 하와[5]라고 부름으로써 인류의 어머니가 됨을 선언하고 축복했습니다.

---

[5] 하와라는 이름이 이브로 된 것은 히브리어 → 그리스어 → 라틴어 → 영어로 번역되며 발음과 철자가 각 언어의 음운 및 문법 체계에 맞게 바뀌게 된 것이지 의미가 다른 것은 아닙니다.

말씀을 통해 깊이 생각하기

1. 아담이 '하와'라고 아내를 부른 이유를 적어보세요.

2. 아담과 그의 아내가 무화과 나뭇잎으로 몸을 가린 이유는 무엇일까요?(창3:7)

3. 하나님께서 아담과 하와에게 가죽옷을 지어 입히신 이유는 무엇이었을까요?

4. 오늘 말씀 안에서 예수님의 흔적을 찾아서 나누어 보세요.

4. 여호와의 이름을 불렀더라

에덴동산을 떠난 삶

에덴동산에서 쫓겨난 아담과 하와는 다시는 하나님과의 친밀한 교제를 나누던 때로 돌아갈 수 없었습니다. 에덴동산에서 나온 후 그들의 마음은 불안과 죄책감 등 여러 가지 심리적인 어려움을 겪었습니다.

그래도 그들은 하나님께서 그들에게 주신 사명을 다하기 위해 자녀를 낳으며 가족을 이루었습니다. 하나님께서 가인과 아벨이라는 두 아들을 주셨습니다. 아담과 하와는 두 아들에게 하나님을 두려워함을 알려주고, 하나님을 섬기는 방법을 알려주었습니다. 가인과 아벨은 부모에게 배운대로 자신의 첫 수확물로 하나님을 섬기게 되었습니다.

그런데 이 제사가 두 형제 사이를 갈라놓고 인류 최초의 살인이 일어나게 됩니다.

"믿음으로 아벨은 가인보다 더 나은 제사를 하나님께 드림으로 의로운 자라 하시는 증거를 얻었으니 하나님이 그 예물에 대하여 증언하심이라 그가 죽었으나 그 믿음으로써 지금도 말하느니라."(히11:4)

히브리서를 통해서 우리는 아벨의 제사만을 받으신 하나님의 마음을 이해해 봅니다. 하지만 가인의 질투와 분노는 살인이라는 무서운 죄의 결과를 낳게 되었습니다. 그리고 아들을 잃은 하와의 마음을 살펴보게 됩니다. 최초의 인류도 자녀를 먼저 보내는 슬픔을 겪었습니다.

에덴동산에서 나온 후로 다시는 하나님과 거닐면서 교제하던 날들을 다시는 만날 수 없었던 하와는 모든 것을 자신의 생각과 의지로 이루어야 했습니다. 노동을 해야 먹을 것을 얻을 수 있게 되었고, 산고를 통해야만 자녀를 얻을 수 있었습니다. 그리고 여전히 남편에게 다스림을 받아야만 하는 것이 하와의 상태였습니다. 하와는 자신의 이런 불안이 자녀들에게 좋지 않은 영향을 준 것은 아닌지 죄책감을 느끼며 후회와 고통을 느꼈을 것입니다.

하나님께서 죄를 저지른 가인에게 사람들과 분리되는 고통의 벌을 주셨지만 반면에 사람들이 가인을 죽이는 것은 막아주시며 보호하셨습니다. 하와는 다시 한번 하나님의 용서하시는 넓은 사랑을 느끼게 되었을 것입니다. 자녀의 죽음을 경험한 인류의 첫 어머니인 하와는 또 다른 자녀를 출산함으로써 하나님의 언약을 성취하기 위한 축복의 길을 선택합니다.

하나님의 이름

창세기 1장에 나오는 하나님은 엘로힘 אֱלֹהִים 이라는 이름으로 기록이 되어 있습니다. 하나님의 능력과 전지전능하심을 나타내는 이름이기에 창조 기사에 나오는 하나님의 이름은 엘로힘입니다. 창세기 2장에 오면 하나님의 이름이 정확하게 나오는 구절이 있습니다. 창세기 2장 4절에 처음 하나님의 이름인 여호와 יְהוָה 가 등장합니다.

"이것이 천지가 창조될 때에 하늘과 땅의 내력이니 여호와 하나님이 땅과 하늘을 만드시던 날에"(창2:4)

창세기 2장은 앞에서 살펴본 것처럼 하나님께서 인간을 만드시기 위해서 조성하신 모든 것들을 세세하게 기록하며 하나님께서 인간을 친밀하게 대하시며 사랑으로 창조하신 것이 자세하게 기록된 장입니다. 이렇게 하나님과 인간과의 관계가 기록된 장에서 비로소 하나님의 이름인 여호와를 알려주고 있습니다.

그 후로는 여호와 엘로힘 יְהוָה אֱלֹהִים 이 나옵니다.

창세기 4장에 와서

"아담이 다시 자기 아내와 동침하매 그가 아들을 낳아 그의 이름을 셋이라 하였으니 이는 하나님이 내게 가인이 죽인 아벨 대신에 다른 씨를 주셨다 함이며 셋도 아들을 낳고 그의 이름을 에노스라 하였으며 그 때에 사람들이 비로소 여호와의 이름을 불렀더라."(창4:25,26)

하와가 아벨의 죽음 후에 자녀를 다시 낳기 시작하는 축복의 선택을 한 후에 셋을 낳고 그 셋이 에노스를 낳고 난 후에야 비로소 여호와의 이름을 부르기 시작했다고 기록하고 있습니다. 사람들은 아벨의 뒤를 이을 구세주의 계보를 이을 아들이 태어난 후에도 조심스러워서 하나님의 이름을 부를 수가 없었던 것입니다. 그러다가 셋이 아들을 낳은 후에야 사람들이 여호와의 이름을 불렀다는 것입니다.

여호와의 이름에 해당하는 단어는 쉠 여호와 יְהוָה שֵׁם 입니다. 이 하나님의 이름은 하나님과의 관계에서 다른 국면이 열리고 있음을 알 수 있습니다.

에덴에서 추방되고, 죄의 결과로 아들을 잃게 되는 고통 속에서 하나님의 이름을 부를 수 없었던 아담과 하와가 하나님의 이름을 부를 수 있게 된 것은 바로 하나님을 예배할 수 있게 되었다는 뜻입니다. 이제는 하나님을 다시 친밀하게 대하고, 예배하며 가까이할 수 있는 분으로 모시게 되었다는 뜻입니다.

이스라엘 사람들이 하나님의 이름인 여호와를 거룩히 여겨서 발음하지 않기 때문에 대신해서 부르는 이름이 엘로힘입니다. 여호와라는 단어의 발음도 정확하게 알 수가 없다고 합니다. 히브리어는 자음만 가지고 기록하는 경우가 많았고, 하나님의 이름은 거룩하게 여겨서 입 밖으로 부르지 않아서 정확한 발음을 모른다고 합니다.

그래서 여호와라는 단어의 자음을 테트라그람마톤 τέτρα γράμματον,

그리스어로 '네 글자'라고 부르고 신성하게 여깁니다.

또한 하나님의 이름을 그 이름이라는 뜻의 하쉠השם이라는 단어로도 사용을 합니다. 하나님을 하쉠이라고 부를 때는 친근한 아버지와 같은 하나님을 나타냅니다. 하와가 아벨을 대신해서 셋을 낳고 셋이 자라서 에노스를 낳은 후에 비로소 친밀하신 하나님, 아버지와 같은 하나님을 하쉠으로 부르게 된 것입니다.

하와는 자신의 죄악으로 인한 벌을 받으면서도 하나님의 계획을 굳게 믿고 소망 중에서 자녀를 출산했습니다. 하와를 통해서 그 후손이 구세주로 이 세상을 구원하실 것을 소망 중에 믿고 하나님의 이름을 하쉠이라 부르며 아버지이신 하나님을 다시 한번 의뢰하며 살아가게 된 것입니다.

벌을 내리는 정의의 하나님, 무서운 하나님에서 아버지와 같이 사랑의 하나님으로 친근하게 함께 하시는 하나님의 이름을 부르고 예배하게 된 것입니다.

말씀을 통해 깊이 생각하기

1. 사람들이 여호와의 이름을 부르기 시작했다는 표현이 의미하는 것은 무엇일까요?

2. 아들을 잃은 하와의 마음은 어떠했으며 그 마음을 위로한 것은 무엇이었을까요? (창세기 4장 말씀 안에서 찾아보세요.)

3. 창세기 4:26에 비로소 사람들이 여호와를 불렀다고 하는데 이때에서야 여호와의 이름을 부르게 된 이유는 무엇일까요?

4. 여호와의 이름을 부른다는 것은 신앙적인 결단일 수 있는데 내가 의지하고 부르는 하나님의 이름은 무엇인지 나누어 보세요.

〈하갈을 아브라함에게 인도하는 사라〉, 1637~1639, 마티아스 스톰, 국립미술관, 독일 베를린

II

사라

모든 민족의 어머니

1. 고향과 친척과 아버지의 집을 떠나

선택받은 아브람, 선택의 여지 없는 사래

"여호와께서 아브람에게 이르시되 너는 너의 고향과 친척과 아버지의 집을 떠나 내가 네게 보여 줄 땅으로 가라 내가 너로 큰 민족을 이루고 네게 복을 주어 네 이름을 창대하게 하리니 너는 복이 될지라 너를 축복하는 자에게는 내가 복을 내리고 너를 저주하는 자에게는 내가 저주하리니 땅의 모든 족속이 너로 말미암아 복을 얻을 것이라 하신지라"(창12:1-3)

바벨탑 사건 이후 언어가 혼잡해서 의사소통이 어려워진 사람들은 천지사방으로 흩어졌습니다. 사람들의 죄악으로 모두 흩어버리신 하나님께서 한 사람을 선택해서 하나님의 백성을 삼기로 결정하셨습니다. 하나님 말씀을 그대로 믿고 따를 한 사람을 선택해서 부르기로 하신 것입니다. 그렇게 선택된 한 사람이 바로 아브람입니다. 아브람은 갈대아 우르의 하란에서 우상을 만들어 팔던 데라의 아들이었습니다.

하나님께서 아브람에게 말씀하셨습니다. 큰 민족을 이루게 해주고, 복을 줄 것이니 하나님이 인도하는 땅을 향해 떠나라는 말씀이었습니다. 놀랍게도 아브람은 그 약속의 말씀을 듣고 그대로 따랐습니다. 정확한 지명을 알려주시지도 않는데도, 갈 바를 알지 못하는데도 고향을 떠났습니다. 처음 듣는 하나님의 음성에 아브람은 조금의 망설임도 없이 고향 집을 떠나 이민 길에 오르게 된 것입니다. 하나님의 약속은 이렇게 자녀가 한 명도 없는 아브람에게 소망의 음성으로 들려졌습니다.

아브람을 통해서 큰 민족을 이루게 하시겠다는 하나님의 말씀이 아브람을 움직이게 했을까요? 솔직하게 말해서 아브람이 하나님의 말씀에 주저 없이 따랐던 것은 바로 자신이 큰 민족의 조상이 될 것이라는 약속 때문이었는지도 모를 일입니다. 그 당시에 가문을 이을 아들이 없다는 것은 가문이 사라지는 것과 마찬가지였기에 온갖 방법을 통해서 아들을 얻으려고 노력했습니다. 한 가문에 있어서 아들은 귀한 노동력이고, 가문을 잇는 막대한 사명을 물려받는 자였기 때문입니다.

아브람은 이 약속의 말씀을 듣고 어디로 가야하는지도 정확하게 모르고 일단 길을 떠났습니다. 그의 아내인 사래와는 한 마디 상의도 하지 않고 떠난 이민 길이었습니다. 당시에 아내는 남편의 의견에 전적으로 따라야 살아갈 수 있는 험한 시대였기 때문입니다. 마치 사래는 말을 할 줄 모르는 여인처럼 한 마디도 하지 않았습니다. 그녀의 의견이 중요한 것은 아니었을 것입니다. 사실 하나님께서 부른 사람은 아브람이었지만 아브람의 아내도 함께 부르신 것이고 사래는 순종했습니다. 하나님께서 아담과 하와에게 명령하신 말씀대로 둘이 한 몸을 이루고 살아가는 부부는 함께 부르심을 받은 것입니다. 아내인 사래는 묵묵히 아브람의 말을 따라서 고향 집을 떠납니다.

그런데 아브람은 고향과 친척과 아버지를 떠나라는 말씀과는 조금 다르게 조카 롯을 데리고 길을 떠납니다. 롯은 아브람의 동생 하란의 아들이었고 하란은 먼저 세상을 떠났습니다. 롯은 아버지를 잃은 상태였기에 아브람이 불쌍하게 여겨서 함께 길을 나섰습니다.

아브람의 아버지 데라의 족보(창11:27-31)

아브람에게만 다시 주어진 언약

아브람은 먼 길을 떠나서 하나님께서 원하시는 가나안 땅으로 들어가게 됩니다. 그러자 하나님께서 아브람에게 나타나셔서 이 땅을 네 자손에게 주리라고 다시 약속을 일깨워 주십니다. 자손에 대한 약속은 강력한 것이었습니다. 아브람은 기대에 부풀어 하나님의 말씀이 들려진 바로 그 땅에 제단을 쌓고 하나님의 이름을 부릅니다. 아브람은 지나온 곳마다 믿음의 표시로 제단을 쌓고 제사를 드리고 하나님의 이름을 부르면서 자신이 받은 약속을 마음에 새겼습니다.

그의 아내 사래도 역시 하나님의 말씀을 듣고 따르는 아브람의 인도를 믿고 맡기며 나아갔습니다. 곧 자신이 품에 안게 될 아들을 상상하면서 남편이 원하는 길을 따라서 갔습니다.

그 당시에 여성, 아내의 위치는 자신의 남편을 주인אָדֹן 아도니[1]라고 불렀고, 남편의 말에 그대로 순종해야 했습니다. 아내의 의견은 중요하지 않았고, 상의를 한다는 것은 상상할 수 없었을 것입니다. 사래는 아브람이 따르는 하나님을 함께 따르면서 남편의 계획에 따라 순종으로, 침묵으로 내조하면서 함께 했습니다.

이때 아브람의 나이가 75세였고 사래의 나이는 65세였습니다. 현대의 연령과 평균 수명이 달랐던 때라는 것을 감안하더라도 그들은 나이가 꽤 많았습니다. 그리고 그들의 마음은 조급해졌습니다. 하나님의 약속이 이루어지는 때를 기다리는 것이 점점 조바심 나는 일이 되었습니다.

---

1 내가 늙었거늘 내 주인(아도니)도 늙었으니(창18:12)

아내에서 다시 누이로

아브람의 믿음은 우리가 생각한 것만큼 처음부터 좋은 것은 아니었습니다. 하나님의 음성을 들으면서 하나님에 대해서 배워가고 있는 상태였습니다. 하나님의 인도로 들어 온 가나안 땅에 기근이 들자 두려운 마음이 들기 시작했습니다. 하나님께 이 시기를 어떻게 보내면 될지 여쭤봐야 한다는 믿음보다는 기근을 피해서 가족들을 살려야 한다는 생각에 사로잡혔습니다. 그는 한 집안의 가장이었기 때문에 기근을 피해서 다시 한번 이민을 결정하게 됩니다. 그는 풍족하게 보이는 이집트 땅으로 가서 기근을 면하기로 합니다. 이렇게 이집트에 도착했을 때 그가 이끄는 식솔들과 가축 떼로 인해서 눈에 띌 수밖에 없었습니다.

이것이 바로 왕의 시선을 사로잡았습니다. 그중에서도 바로의 시선을 사로잡은 것은 아름다운 사래의 모습이었습니다. 그 나이에도 사래는 아름다운 용모를 가지고 있었습니다. 바로는 사래를 원했습니다. 당시에 이집트의 왕 바로는 어떤 여인이든지 취할 수 있는 권력을 가지고 있었습니다. 아브람은 외국에서 죽임을 당할 수도 있다는 두려움에 자신의 아내를 누이라고 말하고 맙니다.

"또 그는 정말로 나의 이복 누이로서 내 아내가 되었음이니라"(창 20:12)

사실 사래가 아브람의 이복 누이였으니 누이가 맞긴 하지만 아브람은 너무 겁이 나서 자신의 목숨을 위해서 사래를 바로에게 그대로 보내 버렸습니다.

주님이라고 부르는 남편의 명령을 따라서 아내가 아니라 누이라 하고 이집트 바로의 침실까지 들어가게 됩니다. 우유부단하고 겁이 많으며 아직 믿음의 훈련이 되지 않은 남편 때문에 겪지 않아야 할 일을 겪으면서도 사래는 아무런 말을 하지 않습니다. 목소리를 잃은 여인처럼 조용하게 모든 일을 감당하려 합니다.

덕분인지 아브람은 양과 소와 노비와 암수 나귀와 낙타까지 얻게 됩니다. 이때 사래의 마음은 어땠을까요? 외국에서 자신들의 목숨을 부지하고 기근을 잠시 피하기 위해서 당하는 일이라 그냥 참고 넘어가야 한다고 생각했을까요? 보호받지 못한 사래의 마음과 여전히 두려움에 떨고 있는 아브람의 모습이 매우 안타깝습니다.

하나님의 일하심

그런데 이때 하나님께서 개입하십니다. 우리가 아는 하나님은 자신의 백성들이 어려움에 처했을 때 그냥 보고 계시는 분이 아닙니다. 성경에 나오는 인물들의 기구한 사연 가운데 하나님의 일하심은 어찌나 그렇게 정확하고 신실한 때에 나타나는지 우리는 잘 알고 있습니다. 그러나 우리의 삶 가운데에서 하나님의 개입과 일하심은 가려진 것과 같은 느낌이 들지는 않는지요? 하나님께서 사래를 보호하지 않으면 아브람을 통해서 큰 민족을 이루시겠다는 하나님의 약속이 철회되어야 하는 상상할 수 없는 일이 벌어지게 되는 것입니다.

하나님께서 급하고 강한 바람처럼 이집트 바로와 그 집에 큰 재앙을 내리십니다. 어떤 재앙인지 알 수는 없지만 바로가 정신을 차리고, 즉

각 사래를 아브람에게 고이 돌려보냅니다. 바로는 어찌나 놀랐는지 아브람에게 왜 자신을 속였는지 원망만 하고, 털끝 하나 건드리지 않고 사래를 필두로 모든 것을 그대로 아브람에게 고스란히 돌려 보내줍니다.

　아브람과 사래는 하나님의 살아 계심과 일하심을 경험하게 되었습니다. 아브람과 사래의 믿음이 한층 성숙하게 되었습니다. 좋은 경험이었다고 하기에는 너무 힘든 경험이긴 합니다. 그러나 하나님의 일하심을 경험했다는 것은 믿음의 성숙에 커다란 의미를 줍니다. 그럼에도 아브람은 같은 실수를 거듭해서 반복하게 됩니다. 그랄 왕 아비멜렉이 사래를 탐낼 때 똑같이 사래를 자신의 누이라고 속이는 실수를 반복해서 저지릅니다. 한번의 실수로도 그의 두려움은 여전히 컸고 그로 인한 고통은 아내인 사래가 받았습니다. 그때마다 하나님께서 친히 개입하셔서 아브라함의 자녀를 통한 언약을 이루기 위해 노력하셨습니다.

　하나님의 일하심을 통해 아브람과 사래는 하나님께서 하신 약속은 지키시는 분이라는 믿음이 생겼습니다. 그와 동시에 그들에게 자손을 주시겠다는 그 약속은 점점 그들에게 커다란 기대와 소망으로 다가왔습니다.

말씀을 통해 깊이 생각하기

1. 사래는 아브람과 함께 하나님의 부르심을 받고 가나안으로 떠났습니다. 당시 그녀의 심정은 어땠을까요?

2. 바로가 사래를 왕궁으로 데려갔을 때, 하나님은 바로에게 어떤 개입을 하셔서 (창12:17). 사래와 아브람을 보호하셨나요? 이 사건을 통해서 무엇을 배울 수 있을까요?

3. 사래는 남편 아브람이 자기 안전을 위해 '누이'라고 말하도록 동의했을 수도 있습니다. 그녀가 순종한 것일까요, 아니면 선택의 여지가 없었을까요? 믿음의 여인으로서 그녀의 행동을 어떻게 이해해야 할까요?

4. 신앙 생활에서 하나님을 신뢰하기보다 인간적인 방법을 선택할 때가 있었다면 나누어 보세요.

2. 열매 맺지 못하는 여인의 오해

아브람에게 주신 언약, 사래에게 주신 언약

"그를 이끌고 밖으로 나가 이르시되 하늘을 우러러 뭇별을 셀 수 있나 보라 또 그에게 이르시되 네 자손이 이와 같으리라 아브람이 여호와를 믿으니 여호와께서 이를 그의 의로 여기시고"(창15:5,6)

아브람은 고향 땅을 떠난 후에 같이 데리고 온 조카 롯과도 헤어지게 됩니다. 그렇지만 롯이 어려움에 처했을 때는 롯을 위해서 전쟁도 불사하며 롯을 살려내기도 합니다. 가나안 땅에서 여러 해 동안 하나님만을 의지하면서 아브람의 믿음도 점점 성숙해져 갔습니다. 아브람이 만나는 위기마다 하나님의 손길이 미치지 않은 곳이 없었습니다.

이런 아브람에게도 믿음이 흔들리는 순간이 있었습니다. 자신에게 아들이 한 명도 없다는 것이 뚜렷하게 인식될 때였습니다. 그런 아브람의 마음을 아시는 하나님께서 아브람과 함께 대화를 나누십니다. 그리고 아브람의 마음을 위로하시고 하늘의 별을 보여주며 시청각 교육을 하십니다. 네 눈에 보이는 셀 수 없는 별만큼 너의 자손이 많아질 것이라고 다시 한번 약속하십니다. 아브람은 하나님의 말씀을 다시 마음에 새겼고 하나님은 그런 아브람의 믿음을 의(義)로 여겨주셨습니다. 하나님의 인도로 하늘의 별을 보고 믿음을 굳게 다진 아브람이 다시 한번 인내로 하나님의 약속을 바라게 되었습니다.

그런데 이때 하늘의 별을 보고 하나님의 언약을 다시 마음에 새긴 아브람과 달리 사래는 여전히 자신의 몸이 노쇠해가는 것을 느끼고 있었습니다. 이처럼 하나님의 약속은 사래의 마음속에서 자신의 몸처럼 점점 약해지고 희미해지고 있었습니다. 사래는 자신의 몸이 점점 늙어가는 것과 마찬가지로 하나님께서 주신 후손에 대한 언약과 소망도 점차 사그라들고 있음을 느끼고 있었습니다.

열매 맺지 못하는 여인의 생각

"사래는 임신하지 못하므로 자식이 없었더라"(창11:30)
"아브람의 아내 사래는 출산하지 못하였고"(창16:1상)

아브람을 하나님께서 선택하기도 전에 벌써 성경은 사래가 임신하지 못한 여인이라고 이미 여러 번 기록하고 있습니다. 계속해서 사래의 임신하지 못하는 상태를 설명하고 있는데 이 임신하지 못한다는 히브리어 단어 아카라 עֲקָרָה 는 황폐하다, 열매를 맺지 못한다, 뿌리가 뽑혔다는 뜻을 가지고 있습니다.

당시에 아들과 자손이 노동력이고 국력이었기에 아들을 낳지 못하는 것은 가문을 잇지 못하는 것이고, 재산의 큰 손실을 의미하는 것이었습니다. 여인들이 남편에게 의지를 해서 살아가야 했고, 남편 사후에는 아들에게 의존을 해야만 했기 때문에 여인에게도 아들을 낳는 일은 매우 중요한 일이었습니다. 그래서 자녀를 특히 아들을 낳지 못한 여인들에게는 수치가 따랐습니다.

성경은 사래를 설명할 때 잔인할 정도로 그가 임신하지 못하는 여인이라는 것을 여러 번 강조합니다. 사래는 자신의 정체성을 불임 여성으로 정했습니다. 그리고 그녀의 머릿속에는 온통 가문의 대를 이어 줄 아들이 필요하다는 생각뿐이었습니다. 아브람과 달리 하나님께서 사래에게는 이런 약속의 말씀들이나 증거들을 애석하게도 보여주지 않았습니다. 다만 아브람이 하나님의 음성과 언약을 듣고 와서 전하는 것으로만 믿음을 지탱해 왔습니다. 그러다가 결국 사래는 아들을 낳아서 이 가문을 잇는 하나님의 약속을 자신의 힘으로 이루어야 한다는 강박적인 생각에 이르게 되었습니다.

내가, 내가

결국 사래의 인내심은 바닥이 났습니다. 그녀의 몸은 이제 더 이상 예전과 같지 않았습니다. 이때부터 그녀가 목소리를 내기 시작합니다.

"사래가 아브람에게 이르되 여호와께서 내 출산을 허락하지 아니하셨으니 원하건대 내 여종에게 들어가라 내가 혹 그로 말미암아 자녀를 얻을까 하노라 하매 아브람이 사래의 말을 들으니라."(창16:2)

사래의 목소리는 옳은 소리를 내지 못했습니다. 하나님께서 아브람에게 주신 약속은 아브람 한 명에게 주신 약속이 아니라 사래의 몸을 통해서 이루어질 것이라는 근본적인 조건을 잊고 말았습니다. 사래는 자신의 몸이 아니라도 자신의 지혜를 통해서 아들을 얻는 것이 자신의 책임이라는 생각을 강하게 하게 되었습니다. 하나님의 약속에 대한 오해는 커다란 실수를 하게 됩니다. 오직 아브람의 아내인 사래의 몸을 통해서 낳은 자녀만이 하나님이 원하시는 믿음의 민족이 되는 것이라는 것을 이해하지 못했습니다.

"또한 아브라함의 씨가 다 그의 자녀가 아니라 오직 이삭으로부터 난 자라야 네 씨라 불리리라 하셨으니 곧 육신의 자녀가 하나님의 자녀가 아니요 오직 약속의 자녀가 씨로 여기심을 받느니라 약속의 말씀은 이것이니 명년 이 때에 내가 이르리니 사라에게 아들이 있으리라 하심이라"(롬 9:7-9)

사래의 오해는 결국 하갈이라는 이집트 여종을 통해서 아브람의 아들을 낳아주는 것이 자신의 일이라는 결론까지 이르게 됩니다. 결국 아브람은 사래의 권유로 하갈을 첩으로 취하게 됩니다. 그런데 사래의 여종이었던 하갈이 임신한 후에 자신의 주인인 사래를 괄시하기 시작합니다. 이 일로 인해 다시 사래가 목소리를 냅니다. 남편인 아브람에게 하갈이 자신을 함부로 대한 일을 이릅니다. 그러자 아브람은 당신의 여종이니 알아서 하라고 자신의 책임을 미룹니다. 이제 사래는 반대로 하갈을 학대하기 시작합니다. 이를 견디다 못한 하갈은 집을 나와서 도망을 칩니다.

서러운 마음에 광야에서 울부짖을 때 하나님께서 하갈을 만나주십니다. 하나님께서 하갈과 태중의 아이를 보호하시고, 그 아이를 통해서도 셀 수 없을 정도의 후손을 이루게 하신다는 약속을 주시며 주인인 사래에게 돌아가라고 타이르십니다.

"하갈이 아브람에게 이스마엘을 낳았을 때에 아브람이 팔십육 세였더라."(창16:16)

아브람 나이 86세 때 이스마엘을 얻게 되고, 사래와 아브람은 하나님이 뜻이 이뤄진 줄 알고 기뻐했습니다. 하나님께서 약속의 말씀을 주신지 딱 11년 후의 일이었습니다. 사래도 이스마엘을 자신의 아들이라 여기고 기뻐하고, 자신이 한 일을 스스로 자랑스러워했습니다.

하나님의 약속에 대한 정확한 이해가 없었던 사래는 아들을 얻겠다는 일념으로 자신의 힘으로 모든 일을 해결하려는 우를 범하게 된 것입니다. 이 일로 이스마엘을 통한 민족이 생기게 됩니다. 하나님께서 이스마엘 민족도 보호하시고 번성하게 하신다는 약속을 주십니다. 그렇지만 하나님의 온전한 뜻을 이루는 일에서는 사래의 개입과 아브람의 방임으로 인해서 멀어지고 말았습니다.

이 일 후로 하나님께서는 거의 13년 동안 아브람을 찾지 않으십니다.

말씀을 통해 깊이 생각하기

1. 사래는 왜 하갈을 아브람에게 주어 자녀를 얻으려 했을까요?

2. 사래를 하갈이 멸시한 이유는 무엇이었나요?

3. 사래가 하갈을 학대했을 때 아브람이 "당신의 여종은 당신의 수중에 있으니 당신의 눈에 좋을 대로 그에게 행하라"(창16:6)고 말합니다. 아브람의 이 반응에 대한 생각을 나누어 보세요.

4. 창세기 16장의 이야기를 읽고 하나님을 오해한 일이 있다면 나누어 보세요.

3. 새로운 이름

아브라함과 사라로

아브람이 아내 사래의 권유로 하갈을 통해서 이스마엘을 얻고 난 후에 하나님께서는 아브람에게 나타나시지 않았습니다. 그런 나날이 지속되다가 아브람의 나이 99세 때에 다시 나타나셨습니다. 13년 만에 오신 하나님께서 아브람과 하신 약속은 여전히 유효하며 이루시겠다는 언약의 말씀을 다시 주셨습니다.

하나님께서 아브람에게 주신 약속을 상기시키기 전에 이렇게 말씀하셨습니다.

"아브람이 구십구 세 때에 여호와께서 아브람에게 나타나서 그에게 이르시되 나는 전능한 하나님이라 너는 내 앞에서 행하여 완전하라."(창17:1)

하나님께서 자신의 이름을 전능하신 하나님이라고 말씀하시며 엘 샤다이 אל שׁדּי 라고 하십니다. 하나님께서 못 하실 일이 없는 전능자이심을 아브람에게 다시 일깨워 주신 것입니다. 그리고 하나님께서 아브람에게 하나님 앞에서 행하여 완전하라고 명령하십니다. 하나님 앞에서 행하라고 하신 뜻은 하나님보다 앞서서 가고, 행하라는 말씀입니다. 일반적으로 길을 인도할 때는 인도자, 또는 길을 잘 아는 사람이 앞장을 섭니다. 길을 잘 알고 경험이 많고, 믿을 수 있는 사람이 그렇지 못한 초행길의 사람 앞을 인도하여 앞장을 서는 것이 일반적입니다.

그런데 하나님께서는 아브람에게 하나님 앞에서 행하라고 하십니다. 하나님 앞에서 걸어가라고 그리고 완전하게 행하라고 하십니다. 하나님께서 아브람을 다시 온전히 믿고 하나님 앞에서 행할 사람이라고 세워주신 것입니다. 자신의 자녀가 온전한 자가 되어서 자신의 앞에서 행하도록 길을 내어 주는 부모처럼 하나님께서 아브람에게 하나님을 앞서서 행하라고 하십니다. 그렇게 하나님께서 아브람의 뒤에서 호위하시면서 그의 길이 하나님 앞에서 완전해지도록 함께 하시겠다고 약속하신 것입니다.

표면적인 의미는 아브람이 온전하게 하나님 앞에서 행하고 걸어가야 하는 것이 선행되는 것처럼 보이지만 하나님께서 아브람을 먼저 온전히 믿어 주시고, 아브람이 하나님의 말씀을 믿은 것을 그의 의로 여기신 것처럼 그렇게 하나님께서 아브람을 믿고 하나님의 앞장 서서 가라고 하신 말씀입니다.

아브람을 번성하게 하셔서 큰 민족의 아버지가 되겠다고 하신 말씀처럼 하나님 앞에서 행할 수 있도록 새로운 이름을 주십니다. 아브람에서 아브라함으로 바꿔주십니다.

아브람אַבְרָם 이름의 뜻은 '고귀한 아버지'라는 것입니다. 그리고 새로운 이름인 아브라함אַבְרָהָם '여러 민족의 아버지'라는 뜻입니다. 개인의 아버지에서 공동체의 아버지로 세우시겠다는 하나님의 의지이고, 아브라함에게 자녀를 주셔서 그 자녀로 인해서 이스라엘 민족의 조상이 되겠다는 하나님의 계획이 성취될 시기가 가까워졌음을 일깨워 주신 것입니다. 아브람에게 아브라함이라는 새 이름을 주시고 언약을 통해서 다시 한번 더 아브라함을 통해서 열국의 아비가 될 것을 깨닫게 해 주시고 아브라함의 온 가문의 남자들이 할례를 행할 때 사래는 다시 아무 말이 없이 목소리를 내지 않고 침묵합니다.

그리고 아브라함을 통해서 아내의 이름을 사래שָׂרַי 에서 사라שָׂרָה 로 바꾸라고 전해주십니다. 하나님의 말씀이 직접 사라에게 전해지지는 않았으나 사라는 자신의 이름을 온전히 받아들입니다. 하나님께서 이제부터 '한 사람의 부인', '나의 부인'이라는 뜻의 사래에서 '모든 민족의 어머니'라는 뜻의 사라로 부르라고 하십니다. 하나님의 언약이 사라를 통해서도 이루어질 시간이 가까이 다가오는 것을 알려준 것입니다.

카이로스의 시간으로 아브라함과 사라는 초청을 받았습니다. 아브라함의 식솔 중 남자들은 모두 할례를 받음으로 몸에 하나님의 언약을 새기게 되었습니다.

웃음에서 믿음으로

　어느 한 날 아브라함은 장막 문 앞에 앉아 있었습니다. 그때 맞은 편에서 세 명의 사람이 아브라함 쪽으로 다가왔습니다. 아브라함은 직감적으로 하나님의 사람이라는 것을 알았습니다. 아브라함은 뛰어나가서 그들을 영접하고 자신이 음식과 음료를 준비할테니 꼭 먹고 마시면서 몸과 마음을 쉬고 가라고 간청을 합니다. 아브라함은 사라에게 손님을 맞이할 준비를 하라고 말하고 음식을 준비하기 위해서 분주하게 서두릅니다. 자신이 꼭 영접하고 대접해야만 할 귀한 하나님의 사람이라는 것을 바로 알아차렸기 때문입니다.

　귀한 손님이기에 사라에게 직접 손님 맞을 준비를 부탁합니다. 아브라함의 분주함에서 사라는 귀한 손님임을 알아차렸고, 모자람이 없이 부지런하게 손님을 대접할 준비를 합니다. 아브라함은 집안의 여기저기를 뛰어다니면서 다른 음식들을 준비하도록 했습니다. 기름지고 좋은 송아지를 직접 잡아서 요리를 하라고 하인에게 주었고, 최상급 치즈와 우유와 송아지 요리를 준비한 후에 나무 그늘 아래 있는 세 명의 손님에게 내어 왔습니다. 세 명의 손님은 음식을 먹은 후에 아브라함에게 아내 사라가 어디 있는지 물었습니다.

　사라는 장막 문 바로 뒤에서 세 명의 손님을 몰래 보고 있었습니다. 역시 추측대로 예사로운 사람들은 아니었습니다. 위엄있는 모습으로 아브라함에게 이렇게 전했습니다.

"내년 이맘때 내가 반드시 네게로 돌아오리니 네 아내 사라에게 아들이 있으리라."(창18:10)

이 말을 들은 사라는 속으로 '나와 내 주인이 이렇게 늙었는데 내게 무슨 즐거움이 있겠는가' 하면서 웃고 말았습니다. 그러자 하나님께서 직접 사라가 왜 웃는지 물어보십니다.

"여호와께서 아브라함에게 이르시되 사라가 왜 웃으며 이르기를 내가 늙었거늘 어떻게 아들을 낳으리요 하느냐 여호와께 능하지 못한 일이 있겠느냐 기한이 이를 때에 내가 네게로 돌아오리니 사라에게 아들이 있으리라"(창18:13,14)

여호와께서 직접 사라가 웃었으며 하나님의 말씀을 비웃었다고 지적합니다. 숨어서 엿듣던 사라는 자신이 웃지 않았다고 변명하며 숨어버립니다. 사라는 세 명의 하나님의 사람들이 하는 말씀을 듣고 자신이 도저히 아이를 잉태할 몸이 아님을 알고 있기에 다분히 현실적인 의미와 불신의 의미로 웃었습니다. 그렇지만 여호와께서 직접 하신 말씀을 통해서 전능하신 하나님을 다시 신뢰할 것인지에 대한 문제를 마주하게 되었습니다. 하나님의 약속의 말씀은 여전하지만 그 약속의 성취가 더딜 때 우리도 불신의 쓴웃음과 함께 믿음의 끈을 놓아버린 적은 없었나요?

사라는 하나님의 사람이 전하는 아주 단호한 한마디를 들었습니다.

"아들이 있을 것"이라는 것입니다.

"네 몸의 상태가 어떤지는 내가 너를 만들었으니 누구보다 더 잘 알고 있단다. 하지만 믿음을 가져라. 나는 전능하신 여호와 하나님이니라. 그러니 믿음을 가지고 내년에 내 품에 안게 될 아들을 기억하여라."

하나님께서는 사라의 불신의 웃음의 의미를 아셨습니다. 그리고 그것을 직면하게 하셨습니다. 그리고 그 웃음이 불신의 허망한 웃음이 아닌 믿음의 웃음이 될 것이라고 말씀하시면서 믿음을 가지도록 재차 사라의 웃음의 의미를 스스로 돌아보게 하셨습니다. 사라는 하나님의 끈질긴 초대로 인해 그의 품에 아들을 안게 되는 믿음의 여인으로, 모든 민족의 어머니가 된 것입니다.

"믿음으로 사라 자신도 나이가 많아 단산하였으나 잉태할 수 있는 힘을 얻었으니 이는 약속하신 이를 미쁘신 줄 알았음이라 이러므로 죽은 자와 같은 한 사람으로 말미암아 하늘의 허다한 별과 또 해변의 무수한 모래와 같이 많은 후손이 생육하였느니라."(히11:11,12)

말씀을 통해 깊이 생각하기

1. 하나님께서 아브람과 사래의 이름을 각각 어떻게 바꾸셨으며 그 의미는 무엇인가요?(창17:5, 17:15)

2. 아브라함은 99세에 다시 아들을 약속받고 엎드려 웃었습니다.(창 17:17) 사라도 이후 웃었는데(창18:12) 왜 하나님은 사라의 웃음에는 책망하시며 아브라함의 웃음과는 다른 반응을 하셨을까요?

3. 하나님께서는 어떤 모습으로 아브라함에게 나타나셨나요?(창 18:1,2)

4. 오랜 시간을 기도한 기도제목이 있다면 어떠한 과정을 통해서 하나님께서 인도하셨는지 나누어 보세요. (응답, 침묵, 거절)

4. 웃음이 된 나의 아들

약속의 주인공으로

"여호와께서 말씀하신 대로 사라를 돌보셨고 여호와께서 말씀하신 대로 사라에게 행하셨으므로 사라가 임신하고 하나님이 말씀하신 시기가 되어 노년의 아브라함에게 아들을 낳으니"(창21:1,2)

하나님께서 사라를 돌보셔서 사라가 아브라함에게 아들을 낳았다고 기록합니다. 처음으로 하나님께서 사라를 주인공으로 역사 가운데에 세우신 장면입니다. 하나님께서 사라를 돌보셔서 황무지 같았던 사라의 인생에 웃음을 주는 아들을 안게 하셨습니다.

하나님께서 노령의 아브라함과 사라에게 아들을 주시겠다는 말에 아브라함이 먼저 웃었고, 사라도 웃었습니다. 하나님의 약속이 오래도록 이루어지지 않자 노부부의 마음에는 포기의 허탈한 웃음만 남아 있었습니다.

그러나 처음 약속을 주시고 25년의 세월이 흐른 후에 드디어 아들을 주셨습니다. 그 긴 시간 동안 아브라함과 사라는 믿음과 불신 사이를 오가며 웃음이 쓴웃음이 되기도 하고 헛웃음이 되기도 하는 믿음의 훈련 과정을 겪었습니다. 그러나 하나님께서는 그들의 웃음을 승리의 웃음, 믿음의 웃음으로 바꾸셨습니다. 자신들 안에 사라져 가는 믿음을 다시 세워주시는 하나님의 사랑의 계획에 믿음으로 동참하게 되었습니다.

웃음이라는 뜻의 이삭 יִצְחָק을 품에 안은 사라의 나이는 90세였고, 아브라함은 100세였습니다. 하나님께서 모든 불가능을 당신의 전능함으로 가능하게 하셨습니다. 아브라함은 하나님과의 약속대로 이삭에게 할례를 베풀어서 하나님의 자녀가 된 언약을 몸에 새겼습니다. 이삭은 온 집안의 사랑과 기쁨의 근원이 되었습니다.

사라가 입을 열어서 자신의 기쁨을 노래합니다.

"사라가 이르되 하나님이 나를 웃게 하시니 듣는 자가 다 나와 함께 웃으리로다 또 이르되 사라가 자식들을 젖먹이겠다고 누가 아브라함에게 말하였으리요마는 아브라함의 노경에 내가 아들을 낳았도다 하니라."(창 21:6,7)

사라는 웃음이 끊이지 않는 나날을 보냈습니다. 아브라함도 이스마엘을 얻었을 때와는 근본적으로 다른 하나님이 주시는 기쁨을 온전히 느꼈습니다.

사라와 하갈

성경에 나오는 사라의 모습을 상상해 보면 말이 없는 여인입니다. 그의 남편이 고향 집을 떠나야 한다고 할 때도 그랬고, 기근을 피해서 이집트로 피난을 갈 때도 그랬으며 그 시대가 요구하는 이상적인 아내로 남편을 주인이라 칭하면서 순종하는 여인이었습니다. 심지어 이집트의 바로에게 자신의 남편이 자신을 누이라고 말해서 바로의 첩이 될 뻔할 때도 아무런 항의나 비난조차 하지 않습니다. 이와 같은 일이 다시 한번 그랄 왕 아비멜렉 앞에서도 벌어졌지만 사라는 항의 한마디 하지 않았습니다.

이렇게 말이 없던 사라가 입을 열어서 목소리를 높이는 경우는 대부분 그의 여종 하갈과 연관이 되었을 때입니다.

하갈을 아브라함에게 주어서 후사를 얻으라고 할 때 처음 사라가 자신을 주장하면서 목소리를 내었습니다. 그리고 하갈이 임신을 한 후에 임신하지 못하는 사라를 괄시하자 아브라함에게 이 모욕은 당신이 받는 것이 마땅하다고 불평하면서 언성을 높였습니다. 다시 한번 사라의 목소리가 크게 나는 사건이 벌어집니다. 마침 젖을 떼게 된 이삭을 위해서 온 동네에 잔치를 크게 열었습니다. 온 집안의 경사였고, 마을의 잔치가 벌어진 날이었습니다. 아브라함과 사라는 온 동네 사람들을 불러서 커다란 잔치를 벌이며 자신들의 기쁨인 이삭의 성장을 축하했습니다.

이때 소년이 된 이스마엘이 아기 이삭을 놀리기 시작합니다. 이스마엘은 아브라함의 첫아들로 사랑을 받았습니다. 그러다가 이삭이 태어남과 동시에 이스마엘에게로 향하던 관심과 사랑은 사라지고 말았습니다. 이스마엘은 열 세 살이나 어린 이복 동생에 대한 질투로 이삭을 놀렸습니다. 이런 장면을 바라보던 사라는 매우 불안해졌습니다. 노예 출신의 하갈의 아들 이스마엘이 어린 이삭을 괴롭힐것이 두려워졌습니다. 사라는 불안하고 두려운 마음을 아브라함에게 전했습니다.

자신에게 첫 아들의 기쁨을 가져다 준 이스마엘을 내쫓는 것이 아브라함에게는 무척 힘든 일이었습니다. 그런데 하나님께서 아브라함에게 하갈과 이스마엘을 내보내라며 안심할 말씀을 주십니다.

"하나님이 아브라함에게 이르시되 네 아이나 네 여종으로 말미암아 근심하지 말고 사라가 네게 이른 말을 다 들으라 이삭에게서 나는 자라야 네 씨라 부를 것임이니라 그러나 여종의 아들도 네 씨니 내가 그로 한 민족을 이루게 하리라 하신지라 "(창21:12,13)

이스마엘을 보호하시고 그를 통해서도 큰 민족을 이루겠다는 약속을 주셔서 아브라함이 하나님 말씀에 의지해 두 모자를 집에서 쫓아냅니다. 아브라함은 아침 일찍 하갈과 이스마엘에게 떡과 물 한 부대를 주면서 나가라고 합니다.

광야로 나와서 방황하며 울부짖던 하갈에게 하나님께서 나타나십니다. 그리고 이스마엘을 통해서 큰 민족을 이룰 것을 알려주시고 샘물을 발견하게 하십니다. 하나님께서 이스마엘을 향한 계획도 가지고 인도하셨습니다.

아브라함 같이 우리의 반복적인 실수에도 늘 새롭게 길을 내시는 하나님을 찬양합니다.

희생 제물이 없는 제사

아들 이삭을 품에 안게 된 아브라함은 오랜 시간 동안 단련된 믿음으로 인해서 갈대아 우르를 떠났던 때의 아브람과는 차원이 다른 사람이 되었습니다. 하나님이 하시는 말씀에는 순종하며 하나님의 뜻과 계획을 의지하는 믿음의 사람으로 성장해 갔습니다.

이런 아브라함에게 100세에 얻은 아들 이삭을 번제물로 드리라는 하나님의 명령이 들려옵니다. 아브라함은 지체하지 않고 제사를 드릴 땅으로 이삭과 두 하인을 대동하고 길을 떠납니다. 이삭과 번제에 사용할 나무를 진 두 하인과 말없이 아브라함의 인도로 모리아 땅을 향해 갑니다. 이삭이 아무래도 번제에 사용할 제물인 어린 양이 보이지 않자 무거운 침묵을 깨고 아버지에게 물어봅니다.

"아브라함이 이르되 내 아들아 번제할 어린 양은 하나님이 자기를 위하여 친히 준비하시리라 하고 두 사람이 함께 나아가서"(창22:8)

아브라함은 마음이 아팠지만 하나님께서 진심으로 제물을 준비하실 것이라는 믿음을 가지고 나아갔습니다. 그리고 모리아 땅 하나님이 말씀하신 제사 장소에 닿았습니다. 아브라함은 하나님의 명령대로 이삭을 제물로 바치기 위해서 이삭을 결박하고는 손을 높이 들어 칼로 이삭을 겨냥합니다.

바로 그때 우리가 잘 아는 대로 하나님의 사자가 아브라함을 막아서며 이삭을 구해냅니다.

"여호와의 사자가 하늘에서부터 그를 불러 이르시되 아브라함아 아브라함아 하시는지라 아브라함이 이르되 내가 여기 있나이다 하매 사자가 이르시되 그 아이에게 네 손을 대지 말라 그에게 아무 일도 하지 말라 네가 네 아들 네 독자까지도 내게 아끼지 아니하였으니 내가 이제야 네가 하나님을 경외하는 줄을 아노라 아브라함이 눈을 들어 살펴본즉 한 숫양이 뒤에 있는데 뿔이 수풀에 걸려 있는지라 아브라함이 가서 그 숫양을 가져다가 아들을 대신하여 번제로 드렸더라"(창22:11-13)

아브라함의 믿음대로 하나님께서 친히 준비하신 숫양을 가져다가 이삭을 대신해서 번제를 드리게 됩니다.

100세에 얻은 아들을 번제로 드리러 갔다 온 아브라함을 사라는 어떤 마음으로 지켜보았을까요? 아브라함의 믿음이 성숙한 것처럼 사라의 믿음도 이런 훈련 가운데에서 성숙하게 되었습니다.

여호와 이레의 하나님께서 우리의 신앙생활에도 늘 함께 하시는 것을 기억하고 사라의 믿음처럼 우리의 믿음도 자랄 수 있도록 믿음의 여정을 하나님께 온전히 의지해야 합니다.

막벨라 굴에 안치된 사라

사라는 127세에 자신의 수명을 다하고 하나님의 부르심을 받습니다. 이삭이 결혼하는 것을 보지 못한 상태로 죽었습니다. 하나님께서 약속하신 가문의 번창함을 아직 보지 못했지만 믿음으로 기대하며 소망 가운데 떠났습니다.

사라의 매장지를 아브라함은 시세보다 비싼 값을 주고 사서 사라를 매장합니다. 아브라함은 생전에 가나안 땅을 약속받았지만, 실제로 소유한 땅은 없었습니다. 사라가 죽었을 때, 그는 가나안 사람 헷 족속에게서 은 400세겔을 주고 헤브론 근처의 막벨라 굴을 매장지로 사들입니다. 이 땅이 아브라함이 가나안에서 유일하게 얻은 자기 소유의 땅이 되었습니다.

아브라함이 막벨라 굴을 굳이 돈을 주고 구입한 것은, 약속이 아직 완전히 성취되지 않았음에도 불구하고 하나님의 언약을 신뢰하며 그 땅에 뿌리를 내리겠다는 믿음의 행위였습니다. 막벨라 굴은 아브라함과 그 후손이 가나안 땅의 영구적 소유자가 될 것이라는 하나님의 약속이 미래에 반드시 성취될 것임을 상징적으로 보여줍니다.

아브라함에게 주어진 가나안 땅의 약속과 사라의 매장지 구입은, '이미'의 약속은 주어졌으나 '아직' 완전히 실현되지 않은 언약의 긴장과 믿음의 여정 속에서 약속을 붙드는 신앙의 실천을 보여줍니다.

말씀을 통해 깊이 생각하기

1. 사라는 왜 이스마엘과 하갈을 쫓아내려고 했을까요?

2. 하나님은 광야에서 하갈과 이스마엘을 어떻게 돌보셨고 이 사건을 통해 알 수 있는 하나님의 성품은 무엇인가요?

3. 아브라함은 가나안 땅을 약속 받았음에도 사라의 매장지를 일부러 돈을 주고 지불하는데 이 사건이 후대 이스라엘에게 주는 영향은 어떤 것일까요?

4. 하나님은 왜 아브라함에게 이삭을 바치라고 했을까요? 이 사건이 우리 신앙에 주는 의미는 무엇인지 나누어 보세요.

〈미리암〉, 안젤름 호이어바흐, 1862, 알데 네셔널 갤러리, 베를린, 독일

III

미리암

높이운 자

1. 갈대 상자를 따라서

400년 전의 예언

하나님께서 아브라함에게 큰 민족을 이룰 것이고 복의 근원이 될 것이라는 약속을 다시 상기시키기 위해 밤하늘의 별을 세어보라고 하신 그날을 기억하십니까? 밤하늘의 별만큼 많은 자손을 얻게 되리라는 약속을 다시 주신 그날에 또 다른 한 예언이 아브라함에게 주어졌습니다.

밤하늘의 별을 보여주신 후에 삼 년 된 암소와 삼 년 된 암염소와 삼 년 된 숫양과 산비둘기와 집비둘기 새끼를 가져와서 둘로 나누라고 하시고 그 사이를 횃불처럼 하나님의 영이 지나가십니다.

'계약 맺다'라는 히브리어는 "브리트בְּרִית"로 문자적으로 "자른다"라는 의미의 단어입니다. 당시 계약의 당사자들은 동물을 둘로 쪼개어 반대편에 배열한 후, 그 사이를 걸으며 맹세했습니다. 그런데 하나님만이 그 자른 동물들 사이를 지나셨고 아브라함은 그 맹세의 동물 사이를 지나시는 하나님의 영을 보고만 있었습니다. 그리고 아브람이 제물로 준비한 동물들은 훗날 이스라엘의 율법에 명시된 희생 제물이 될 동물들이었습니다. 다시 말하면 이때 아브라함은 하나님을 예배했고, 하나님은 이 계약의 전적인 책임자가 하나님 한 분이심을 분명히 하신 것입니다. 이 계약이 온전히 성사되기 전 그러니까 하나님의 영이 오셔서 제물 사이를 횃불로 지나기 전에 아브라함은 졸고 있었습니다.

그런데 이때 큰 흑암과 두려움이 몰려오는 것을 느꼈습니다. 심상치 않은 분위기 가운데 하나님께서 한 예언을 들려주셨습니다. 곧 아브라함의 자손이 외국에서 나그네가 되어 400년 동안 종살이를 하게 될 것이라는 예언이었습니다.

"해 질 때에 아브람에게 깊은 잠이 임하고 큰 흑암과 두려움이 그에게 임하였더니 여호와께서 아브람에게 이르시되 너는 반드시 알라 네 자손이 이방에서 객이 되어 그들을 섬기겠고 그들은 사백 년 동안 네 자손을 괴롭히리니 그들이 섬기는 나라를 내가 징벌할지며 그 후에 네 자손이 큰 재물을 이끌고 나오리라."(창15:12-14)

이 예언의 성취는 아브라함의 손자인 야곱이 가장 사랑한 아들 요셉이 이집트로 팔려 가면서 시작됩니다. 그 후 요셉의 형제들은 기근을 피해 이집트로 곡식을 사러 갔다가 자신들이 죽이려 했던 요셉을 만나게 되고, 총리가 된 요셉은 그의 형제들을 이미 다 용서했음을 알게 됩니다. 요셉의 형제들은 총리가 된 요셉의 인도로 이집트로 옮겨와서 살게 됩니다.

이렇게 해서 아브라함의 자손들은 자신들의 고향인 가나안 땅을 떠나서 이집트 땅의 고센에 정착해서 양을 치면서 이집트 사람들과 분리되어 살 수 있었습니다. 이집트 사람들이 양을 치는 일을 천하게 여겼기에 아브라함의 자손들 즉 이스라엘 사람들은 조용히 살 수 있었습니다. 그렇지만 점차 이스라엘 사람들의 수가 늘어나면서 하나님께서 아브라함에게 주신 약속처럼 이집트에서 숫적으로 지배적인 민족이 되어갑니다.

이스라엘 민족을 두려워하게 된 이집트의 집권 세력들이 총리까지 지낸 요셉을 알지 못하는 왕들로 교체되면서 요셉의 형제들인 히브리인[1]들을 박해하기 시작했습니다. 목축업에 종사하던 이스라엘 사람들을 이제는 노예로 부리면서 이스라엘 민족의 증가를 막아보려고 합니다. 이집트 사람들의 이스라엘 백성들을 향한 박해가 점점 심해지게 되었습니다.

이 예언은 이 종살이를 400년 동안 하게 될 것이지만 결국에는 큰 재물을 이끌고 나오게 하시겠다는 것이었습니다. 그리고 이 예언의 끝을 위한 한 인물이 준비되고 있었습니다.

잘 생긴 아이의 누이

이때 이집트에서는 히브리인의 가정에서 아들이 태어나면 죽이라는

---

1 히브리인 : 창세기 14장 13절에서 아브람(아브라함)을 "히브리 사람 아브람"이라고 처음으로 부릅니다. 강을 건너 온 사람이라는 뜻으로 이방인들을 그렇게 불렀고 아브라함의 후손이라는 뜻이기도 합니다. 하대하는 의미로 사용되기도 했습니다.

법령이 떨어졌습니다. 그런데 한 레위 가정에 아들이 태어났지만 차마 이 아들을 바로 죽일 수가 없었습니다. 처음에는 산파들에게만 히브리인이 아들을 낳으면 죽이라는 바로의 명령이 내려졌지만 히브리 산파들은 바로의 명을 어겨가면서 자기 민족의 아들들을 죽이지 않고 살려두었습니다. 이것을 알게 된 바로는 이번에는 모든 백성들에게 아들을 낳자마자 죽이라는 명령이 내려졌습니다.

레위인의 가정에서 태어난 잘생긴 아들은 3개월 동안 잘 숨겨둘 수 있었습니다. 그러나 더 이상은 자라나는 아이를 숨길 수가 없었습니다. 그래서 그 잘생긴 아들의 어머니는 지혜와 마지막 희망을 내어서 갈대로 상자를 만듭니다. 그리고 그 갈대 상자에 아들을 넣어서 나일강에 띄웁니다. 히브리어로 이 갈대 상자를 테바 תֵּבָה 라고 합니다. 동력이 없는 배를 말합니다. 노아가 만든 '방주'도 테바입니다. 성경에 두 번 등장하는 이 단어는 노아의 가족들과 동물들을 구원한 방주가 되고, 레위인의 잘생긴 아들을 구원한 갈대 상자가 됩니다.

이때 이 아이의 누이가 나일 강에 갈대 상자에 넣어 버려진 자신의 동생을 보기 위해 강가를 따라 내려갑니다. 영리한 이 누이는 마침 목욕을 하기 위해서 나온 바로의 공주가 동생을 건져내는 것을 보게 됩니다.

어떻게 그때 마침 바로의 공주가 목욕을 하기 위해 나일강으로 나왔을까요? 잘 생긴 아이의 누이와 어머니는 바로의 공주가 날마다 나일 강가에 나오는 것을 눈여겨 봤을 것입니다. 그리고 그냥 목욕을 하는 것이 아닌 제사의 목적으로 나오는 것을 알았습니다. 신에게 제사를 드릴 때 공주의 마음이 긍휼함이 가득 차서 이 아이에게 자비를 베풀지도 모른다는 생각으로 그 시간에 갈대 상자를 띄운 것은 아닐까요?

예상대로 공주는 갈대 상자 안의 아들을 구해냅니다. 그러자 잘 생긴 아이의 누이는 얼른 다가가서 유모가 필요하지 않은지 물어봅니다. 그리고 자신의 동생의 유모로 어머니를 소개합니다. 이로써 갈대 상자 안의 아이는 자신의 친모의 젖을 먹으며 바로의 궁전에서 자라게 됩니다. 이 아이의 이름은 물에서 구했다는 뜻의 모세로 지어집니다.

그러나 이 영리하고 민첩한 누이의 이름은 아직 성경에 기록도 되어 있지 않습니다.

말씀을 통해 깊이 생각하기

1. 이집트의 새 왕들은 왜 이스라엘 백성들을 두려워했나요?

2. 히브리 산파들이 이스라엘의 아들들을 살린 이유는 무엇이었나요?

3. 출애굽기 2장 1절에서 10절 사이에 레위인의 여인이 낳은 누이의 이름은 무엇이라고 나오나요?

4. 갈대 상자를 따라 나일강가를 따라 내려간 누이의 심정을 상상해 보며 이야기 나누어 보세요.

2. 아론의 누이 선지자 미리암

족보에 없는 장녀

모세의 누이의 이름은 여전히 무명으로 나옵니다. 출애굽기 6장 16절부터 레위의 족보가 나오는데 그곳에도 모세의 누이는 아예 존재하지 않습니다. 족보에 여자의 이름을 올리지 않는 원칙 때문이었을까요? 그런데 모세의 어머니 이름은 등장하고 있습니다.

"아므람은 그들의 아버지의 누이 요게벳을 아내로 맞이하였고 그는 아론과 모세를 낳았으며 아므람의 나이는 백삼십칠 세였으며"(출6:20)

나일강에 띄워 보낸 갈대 상자 안의 동생 모세를 따라가며 동생을 지키기 위해서 고군분투했던 누이는 이름이 나오지 않을지라도 여전히 동생을 사랑하고, 그 동생을 살려내는데 큰 역할을 했음에는 틀림없습니다.

출애굽기는 이집트에서 하나님의 백성인 이스라엘 민족을 구원하는 이스라엘 민족사에 가장 중요하고 놀라운 역사를 기록한 책입니다. 그렇기에 하나님의 전능하심과 전적인 은혜를 기록하기에도 부족한 지면 때문에 모세의 누이의 이름을 기록할만한 여력이 없었을지도 모를 일입니다. 족보에는 그 이름이 올라 있지도 않은 이 장녀는 그래도 여전히 동생인 모세를 살려서 하나님의 구원 계획에 동참했다고 기억하고 있습니다. 모세를 중심으로 한 서사에만 등장하는 인물이긴 하지만 그녀의 존재감은 결코 가볍지 않습니다.

홍해를 건넌 후

이스라엘 역사에서 가장 위대한 사건인 홍해를 마른 땅같이 건넌 사건 후에야 비로소 모세의 누이 이름이 나옵니다.

"아론의 누이 선지자 미리암이 손에 소고를 잡으매 모든 여인도 그를 따라 나오며 소고를 잡고 춤추니"(출15:20)

홍해를 건넌 후에 모세의 누이 미리암이 여인들과 함께 하나님을 찬양하는 장면에서 처음으로 이름이 등장합니다. 모세의 누이가 아니라 아론의 누이이며 선지자라고 칭합니다.

출애굽기 15장은 이스라엘 공동체에서 미리암의 예언자적, 예배 인도자적 역할을 강조해서 기록합니다. 특별히 '아론의 누이'라는 표현을 사용함으로써, 여성이며 동시에 권위 있는 종교적 지도자라는 사실을 부각시키고 있습니다. 또한 모세와 미리암을 연결하지 않는 것은 모세의 탁월한 리더십을 따로 거론하기 위함일 수 있습니다. 그래서 출애굽기 15장에는 모세의 찬양의 노래가 먼저 등장하고 그 후에 미리암의 찬양이 아주 짧게 등장하는 것으로 알 수 있습니다.

미리암은 손에 소고를 들고 하나님을 찬양합니다. 이때 미리암을 선지자라고 부르고 있는데 선지자는 하나님의 뜻과 말씀을 백성에게 전하고, 하나님의 행하신 일을 해석하여 공동체에 선포하는 일을 하는 사람입니다. 미리암이 부른 찬양은 단순한 노래가 아니라 예배를 인도한 것이고, 하나님의 구원 사역을 백성에게 선포하고, 그 사건을 신앙적으로 해석해 주는 선지자적 사명을 한 것입니다. 미리암은 이때 하나님을 찬양함으로 모든 여인들을 이끌어 하나님의 행하신 놀라운 일을 함께 알리는 지도자의 역할을 합니다.

"내가 너를 애굽 땅에서 인도해 내어 종 되었던 집에서 속량하였고 모세와 아론과 미리암을 네 앞에 보냈느니라."(미6:4)

미리암은 한 가정의 장녀로서 최선을 다했던 것처럼 이스라엘 민족을 위해서 자신의 최선을 다한 하나님의 사람임을 알 수 있습니다.

말씀을 통해 깊이 생각하기

1. 출애굽기에 모세의 누이가 나오는 족보가 없는 이유는 무엇일까요?

2. 미리암이 선지자로 불린 이유는 무엇이고, 당시 사회에서 여성의 지위에 비추어 볼 때 어떤 의미가 있을까요?

3. 미리암이 이끈 여성들의 찬양과 춤이 이스라엘 공동체에 미친 영향은 무엇이었을까요?

4. 여성 지도자의 특별한 장점은 무엇인지 함께 나누어 보세요.

3. 질투의 끝

모세를 비방한 미리암

모세가 그의 아내 십보라의 사후에 구스 여인을 아내로 취합니다. 구스는 이디오피아입니다. 하나님께서 이 일에 대해 모세에게 아무런 말씀도 하지 않으셨습니다. 이 일을 지켜본 미리암은 모세를 편하게 볼 수 없었습니다. 미리암은 이 일을 아론과 상의한다는 명복하에 모세에 대한 불평을 서로 나누게 됩니다. 미리암의 이야기를 들어보니 모두 맞는 말처럼 보였기에 아론은 암묵적으로 동의했습니다.

미리암은 아론을 대동하고 가서 모세에게 구스 여인을 아내로 삼는 것이 좋은 일이 아니라고 하나님이 좋아하시지 않을 것이라며 따지기 시작합니다. 그런데 미리암은 무심결에 자신의 속마음을 내뱉고 말았습니다.

"그들이 이르되 여호와께서 모세와만 말씀하셨느냐 우리와도 말씀하지 아니하셨느냐 하매 여호와께서 이 말을 들으셨더라."(민12:2)

미리암과 아론은 이렇게 그동안의 섭섭함 드러냈습니다. 미리암과 아론이 두 사람이 모두 모세 앞에서 화를 내면서 자신들의 열등감을 쏟아냈습니다. 미리암의 이름이 아론보다 먼저 기록된 것을 보면 더욱 주도적으로 신랄하게 비난한 사람은 미리암이었다는 것을 알 수 있습니다.

미리암은 자신이 여인들과 연약한 이스라엘 백성들을 돌보면서 출애굽 여정을 함께한 선지자였음에도 모든 일을 모세와 상의를 하고 모세의 의견에 따라야 하는 것에 섭섭함과 시기와 질투의 마음이 점점 커졌습니다. 아론도 마찬가지로 백성들에게 인정받는 것은 언제나 모세였기에 마음에 불편함이 있었습니다. 그런데 모세가 구스 여인을 아내로 삼은 것을 계기로 그동안 눌러왔던 불만을 모세에게 쏟아내고 말았습니다. 하나님의 신임을 받고 있는 뛰어난 리더인 모세에게 가려서 늘 삼인자의 자리에 있었던 미리암은 그동안에 쌓아 두었던 감정을 폭발시키고 말았습니다. 섭섭함 뒤에 숨은 질투를 미리암 자신도 모르고 있었습니다. 그러나 그녀가 뱉은 말에는 하나님께 사랑받고 인정받는 모세를 향한 질투과 시기로 가득 차 있었습니다.

하나님께서 직접 이 일에 개입하십니다. 모세의 성정이 얼마나 온유한 사람인지를 두 사람에게 인지시키면서 하나님의 신뢰가 모세에게 있음을 인정하십니다. 미리암과 아론의 비방에도 아무 말도 하지 않고 그대로 묵묵히 듣고만 있었던 모세를 보면서 하나님께서 나선 것입니다. 사실 모세가 처음부터 그렇게 온유한 사람은 아니었지만 하나님의 훈련으로 인해서 지금의 성품이 된 것입니다.

부모님은 자신의 자녀들이 서로 다투고 시기 질투할 때 마음 아파합니다. 하나님께서도 그런 마음이었을 것입니다. 그리고 미리암과 아론의 마음속에 가득한 것이 무엇인지 직면하길 원하셨습니다.

하나님께서 세 남매를 불러 회막으로 나오라고 하십니다. 세 사람이 회막으로 가자 하나님은 따로 미리암과 아론을 불러서 이렇게 말씀하십니다.

"이르시되 내 말을 들으라 너희 중에 선지자가 있으면 나 여호와가 환상으로 나를 그에게 알리기도 하고 꿈으로 그와 말하기도 하거니와 내 종 모세와는 그렇지 아니하니 그는 내 온 집에 충성함이라 그와는 내가 대면하여 명백히 말하고 은밀한 말로 하지 아니하며 그는 또 여호와의 형상을 보거늘 너희가 어찌하여 내 종 모세 비방하기를 두려워하지 아니하느냐"(민 12:6-8)

미리암에게 내린 하나님의 진노

이스라엘 백성들이 진중에 머물 때는 그 위에 하나님의 임재인 구름이 기둥처럼 함께 있었는데 이 일후에 하나님의 임재의 상징인 구름이 사라져 버렸습니다. 하나님의 임재가 장막을 떠나버릴 정도로 하나님께서 진노하셨습니다. 그리고 미리암에게 피부병이 생기는 벌을 주셨습니다. 함께 가담한 아론이 벌을 받지 않은 이유는 주동자가 미리암이었음을 알 수 있습니다. 아론은 그 자리에서 죄를 회개하며 미리암과 자신을 용서해 주시도록 간구합니다. 모세도 역시 하나님께 미리암의 병이 낫게 해달라고 간절하게 기도합니다.

"구름이 장막 위에서 떠나갔고 미리암은 나병에 걸려 눈과 같더라 아론이 미리암을 본즉 나병에 걸렸는지라"(개역개정 민수기 12:10)

"구름이 장막 위에서 걷히고 나니, 아, 미리암이 악성 피부병에 걸려서, 눈처럼 하얗게 되어 있는 것이 아닌가! 아론이 미리암에게로 다가갔다. 살펴보니, 그 여인은 악성 피부병에 걸린 것이었다"(민12:10)[2]

여기에서 같은 병을 개역개정 성경에는 나병으로 번역하고 표준새번역 성경에는 악성 피부병으로 번역합니다.

이에 해당하는 단어는 차라아트 צָרַעַת 인데 악성 피부병입니다. 그러므로 미리암이 걸린 병이 나병이 아닐 수도 있음을 시사합니다. 모든 피부병을 총칭하는 단어가 차라아트입니다.

이 병에 걸리면 제사장에게 보여서 진단받아야 합니다. 그리고 확진을 받으면 환자는 옷을 찢고 머리를 풀며 윗입술을 가리고 "부정하다, 부정하다"라고 외쳐야 합니다.[3] 그리고 칠일 동안 진영 밖에 나가

---
2 성경전서 표준새번역 ⓒ 대한성서공회
3 레위기 13장

서 격리해야 했습니다. 병이 전염될 수도 있었기 때문에 생긴 규정이었습니다.

하나님께서 미리암에게 칠일 동안 진영 밖으로 나가서 격리하라고 하셨고, 미리암은 그렇게 백성들과 따로 떨어져서 지내야 했습니다. 혼자 격리되어 있는 동안 미리암은 자신의 내면을 살펴보면서 자기 안의 시기와 질투를 직면하게 되었습니다.

미리암을 기다리는 백성들

미리암이 격리되어서 하나님이 주신 벌인 악성 피부병을 앓으며 자신의 죄를 회개하며 보낼 때 이스라엘 백성들은 무엇을 하고 있는지 말씀은 이렇게 기록합니다.

"이에 미리암이 진영 밖에 이레 동안 갇혀 있었고 백성은 그를 다시 들어오게 하기까지 행진하지 아니하다가"(민12:15)

미리암이 자숙의 시간으로 회개하며 보내고 있는 동안 이스라엘 백성들은 미리암을 기다리면서 행진하지 않았습니다. 그들의 선지자요 지도자로 미리암을 인정하고 있었던 이스라엘 백성들은 존중하는 의미로 행진하지 않았고, 또한 하나님의 임재의 구름이 진행하지 않았기 때문에 진영에서 머물러야 했습니다. 백성들은 미리암이 완치되어서 나오기를 기다렸습니다. 미리암이 그들을 위해서 했던 많은 헌신과 사랑을 알고 있었기 때문이었습니다. 그리고 이 사건이 공동체 안에 연대를 이루는 중요한 사건이었기 때문에 함께 아파하고 함께 인내했습니다.

그리고 하나님께서 공동체 안에 발생한 죄악을 단호하게 대처하심으로 잊지 못할 뼈저린 기억을 공유하게 되었고, 또다른 성장으로 향하게 하셨습니다.

　미리암의 징계는 하나님의 거룩함과 공의를 드러내지만, 동시에 공동체의 중보와 기다림, 그리고 회복의 은혜도 함께 보여줍니다. 지도자의 실패에도 불구하고 하나님의 은혜가 함께 머물렀으며 공동체의 연대가 얼마나 중요한지 깨닫게 되었습니다.

말씀을 통해 깊이 생각하기

1. 미리암과 아론이 모세를 비방한 동기는 무엇이었나요?

2. 하나님은 왜 미리암에게만 벌을 내리셨을까요?

3. 미리암이 격리되어 있는 동안 이스라엘 백성들이 한 행동은 무엇이며 이것이 주는 의미를 무엇인가요?

4. 나의 내면을 살펴보면서 나의 감정을 잘 다스리고 있다면 그 이유와 방법을 나누어 보세요.

4. 광야에서의 죽음

미리암 죽음의 의미

미리암은 출애굽한지 40년이 되는 해, 즉 가나안 입성을 불과 1년 앞둔 시점에 신 광야 가데스에서 생을 마감합니다(민 20:1). 가데스는 이스라엘 백성이 광야에서 오랜 방황 끝에 다시 도착한 중요한 지점이자, 젖과 꿀이 흐르는 약속의 땅을 눈앞에 둔 곳입니다. 미리암의 죽음은 이스라엘의 광야 여정의 마침표와도 같은 상징성을 지닙니다.

미리암의 죽음은 단순한 가족의 상실이 아니라, 이스라엘 전체 공동체에 큰 충격과 슬픔을 안겼습니다. 미리암은 모세, 아론과 더불어 이스라엘의 삼대 지도자 중 한 명이었고, 출애굽의 시작부터 광야의 마지막까지 백성과 함께한 영적 어머니이자, 선지자이며 지도자였습니다. 그녀의 죽음 이후, 백성은 곧바로 물이 없는 위기에 직면하며, 지도자의 부재가 공동체의 불안과 혼란으로 이어지는 것으로 보여줍니다.(민

20:2-5) 이는 미리암의 존재가 이스라엘 공동체의 영적, 심리적 안정에 중요한 역할을 한 것으로 볼 수 있습니다.

미리암은 광야 초기에 모세의 권위를 비방한 죄로 악성 피부병에 걸렸다가 회복되었습니다. 하나님은 미리암을 이 사건 후 38년 동안 더 생존하게 하셨습니다. 그러나 가나안 입성을 1년 앞두고 광야에서의 죽음을 맞게 하셨습니다. 이집트의 노예살이에서부터 생존하여 약속의 땅인 가나안으로 들어가게 된 사람은 모세도 아론도 미리암도 아니었습니다. 하나님의 뜻을 거스른 사람이라면 모세라 할지라도 제사장 아론일지라도 선지자 미리암일지라도 약속의 땅으로 들어갈 수 없었습니다.

이들의 '광야에서 죽음'은 하나님의 공의와 거룩함이 이스라엘 공동체의 기초임을 강조하는 구속사적 메시지이기도 합니다. 이것은 하나님의 뜻이 개인의 공로나 업적, 지도자의 책임과 역할의 엄중함과는 무관하게 절대적 기준이 된다는 것을 알려주신 것입니다. 그리고 율법(모세)이 약속의 땅, 즉 구원의 최종 장소에 도달하지 못한다는 상징적 의미를 보여줍니다. 오직 은혜로만 들어갈 수 있는 약속의 땅을 율법이나 한 사람의 업적 등으로는 들어갈 수 없음을 보여주는 것입니다.

드디어 족보에 기록된 이름, 미리암

미리암은 그녀의 죽음을 알리는 민수기 20장 1절을 마지막으로 역사속으로 사라집니다. 그렇지만 미리암 사후에 그녀의 이름이 가족의 족보에 오르게 되는 것을 살펴볼 수 있습니다. 민수기 26장에 아론과 모세 이름과 함께 미리암의 이름이 기록됩니다. 이는 그녀가 광야 생활에서 선지자로서 백성들을 잘 지도했던 선지자였음을 여실하게 증명합니다.

"그의 아내의 이름은 요게벳이니, 그녀는 레위의 딸로 애굽에서 레위에게서 태어났으며, 그녀가 아므람에게서 아론과 모세와 그의 누이 미리암을 낳았으며,"(민26:59)

그 후로 바벨론 포로 이후 교육을 위한 역사서로 기록된 역대기 말씀에는 대제사장의 계열의 족보를 기록하면서 미리암의 이름을 빼놓지 않고 기록하였습니다.

"아므람의 자녀는 아론과 모세와 미리암이며, 아론의 자녀는 나답과 아비후와 엘르아살과 이다말이더라."(대상6:3)

이름도 없이 족보에도 오르지 못한 장녀였던 미리암을 하나님께서 선지자로 세우시고 이름을 족보에 올리며 인정을 받게 하는 과정 가운데에서 이스라엘 백성을 돌보시는 하나님의 은혜를 발견할 수 있습니다.

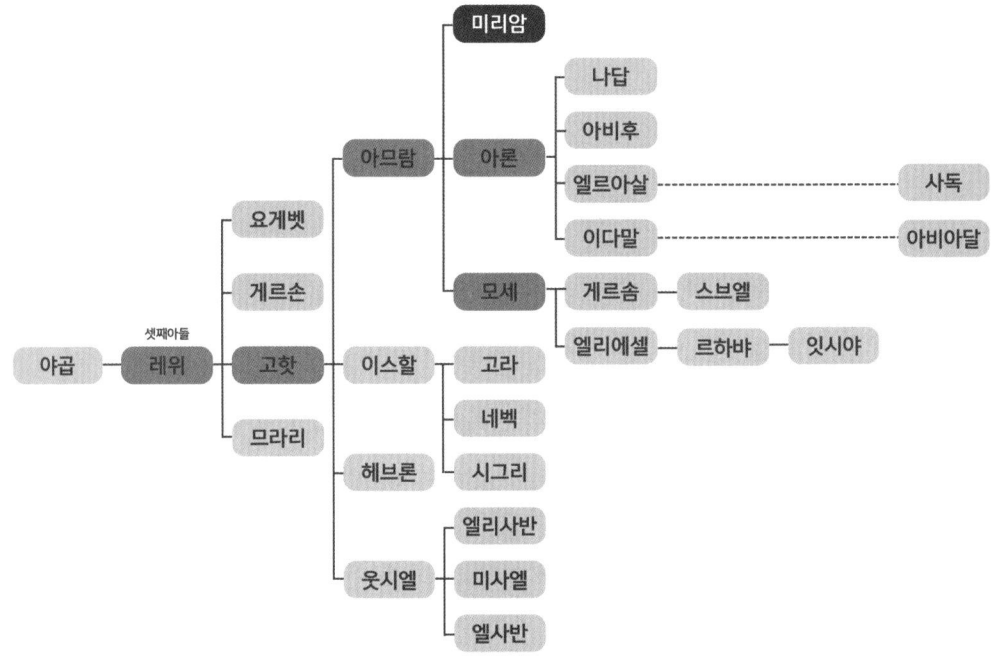

이스라엘 민족의 계보 (레위인의 계보)

말씀을 통해 깊이 생각하기

1. 미리암의 죽음의 의미는 무엇인가요?

2. 미리암이 죽은 후에 미리암의 이름이 족보에 오른 것은 어떤 의미가 있을까요?

3. 미리암의 죽음에 대한 기록이 아론의 죽음(민20:28, 29)과는 다르게 짧은 한 절로(민20:1)만 기록이 된 이유는 무엇일까요?

4. 한 사람의 죽음이 주는 의미를 함께 나누어 보세요.

⟨디힘과 여호수아의 두 정탐꾼⟩, 작가 미상, 1650, 퀸스갤러리 버킹엄궁, 영국

IV

라합

넓음

1. 소문으로만 듣던 전능자

여리고 성에 퍼진 소문

이집트에서 탈출한 이스라엘 백성들은 요단강을 마른 땅처럼 건너면서 하나님의 전능하심을 몸으로 체험했습니다. 그리고 가나안의 첫 성 여리고를 향해서 가라는 하나님의 인도를 순종으로 따랐습니다.

한편 여리고 성의 주민들은 이집트에서 노예로 살던 히브리인들이 홍해를 걸어서 건넜다는 소문으로 인해 두려움에 휩싸여 있었습니다. 비록 히브리인들이 광야에서 바로 가나안으로 들어오지 못하고 헤매고 다녔음에도 홍해를 걸어서 건너게 하시고, 뒤쫓아 온 이집트 군대를 수장시켜 버린 그들의 신 여호와의 위엄에 놀라고 떨었습니다. 어느 순간 광야를 헤매던 히브리인들이 가나안의 첫 성인 여리고를 향해서 쳐들어온다는 소문이 성 전체에 파다하게 퍼졌습니다. 히브리인들의 신인 여호와는 가나안의 여러 신들보다 더 강하고 전능한 신이며 자신의 백성을 끔찍하게 아끼고 보호하는 신이라는 소문은 여리고 성 사람들을 공포로 몰아넣기에 충분했습니다. 가나안의 신들은 여호와와 감히 대항할 수조차 없을 것이라는 이야기들이 공공연하게 돌고 있었습니다.

이 소문은 여리고 사람들의 마음을 녹게 했고, 어떤 사람들은 히브리인들의 신을 이야기할 때마다 정신을 잃기도 했습니다. 그들이 할 수 있는 일은 강하고 큰 성인 여리고 성을 믿는 일밖에 없었습니다. 크고 높으며 강한 여리고 성이 무너지지만 않으면 살 수 있을 것이라고 생각했습니다.

당시 가나안의 죄악이 너무 커서 여호와 하나님은 가나안 땅을 히브리인들에게 주기로 했다는 소문도 있었습니다. 가나안 여러 민족들은 여러 신들을 믿으며 자신들의 자녀를 제물로 바치는 일까지 서슴지 않고 자행하고 있었습니다. 그럼에도 가나안 사람들은 자신들이 인신제사까지 하면서 정성을 들인 신들이 자신들을 지켜줄 것이라는 작은 확신도 가질 수 없어서 점점 더 불안해졌습니다.

그러나 이스라엘의 하나님 여호와가 자신의 백성들을 어떻게 보호하시고 인도하실지는 아직 아무도 알지 못했습니다.

소문을 믿음으로 받아들인 여인
여리고 성은 특수한 형태로 지어진 난공불락의 요새였습니다. 성벽이 이중 구조로 되어 있어서 성벽 자체 안쪽에는 사람들이 거주할 수 있는 주거 공간이 있었습니다. 이런 성벽의 이중 구조의 주거 공간에 한 유곽이 있었습니다. 이 유곽은 여행자들이 머물 수 있는 여관의 역할도 하며 술과 여인들을 취할 수 있는 곳이었습니다. 그래서 이 유곽에는 기생들도 머물러 살고 있었습니다.

이 유곽에서 기생으로 살아가는 라합이라는 여인이 날마다 여행자들을 통해서 듣는 소문은 바로 이스라엘의 하나님 이야기였습니다. 이집트를 어떠한 무력도 행사하지 않고 오직 그들이 믿는 여호와라는 신의 능력으로 탈출한 히브리 민족의 하나님 이야기였습니다.

라합은 이스라엘의 하나님 여호와의 이야기를 들을 때마다 두려움과 함께 의지하고 싶은 마음도 생겼습니다. 자신의 처한 천하고 괴로운 상황에서 건져내 줄 수 있는 신은 아닐까라는 생각이었습니다. 히브리인들의 하나님 여호와를 믿고 의지하여 자신이 넘을 수 없는 한계를 뛰어넘을 수 있다면 언제든지 그 하나님을 믿고 싶다는 생각이 강렬해졌습니다.

라합은 자신의 이름처럼 넓은 세상에 대한 동경이 있었습니다. 여리고 성에 부속실처럼 성벽 사이에 만들어진 좁은 유곽에서 기생으로 살아가고 있었지만 그녀가 만나는 외부의 많은 남자들이 전해주는 세상 이야기는 신기하고 다양했습니다. 그런 신기하고 넓은 세상에 대한 상상을 하며 어려운 생활을 버텨나갔습니다.

그녀는 어려운 환경 가운데에서도 인생에 대한 소망과 기대를 버리지 않았습니다. 새로운 세계로 나가고 싶은 갈망과 새롭게 인생을 살고 싶은 의지가 있었습니다. 사람들의 냉대와 멸시 가운데 살아왔지만 라합은 소망의 끈을 한번도 놓은 적이 없었습니다. 라합이 잡고 있던 소망의 끈 끝에는 하나님의 자비의 손길이 있었음을 아직은 누구도 짐작하지 못했습니다.

말씀을 통해 깊이 생각하기

1. 여리고 성의 사람들이 들은 여호와 하나님의 소문은 어떤 것이었나요?(수2:9,10)

2. 여리고 성의 사람들이 이스라엘의 하나님의 소문을 듣고 어떤 반응을 보였나요?(수2:11)

3. 여리고 성의 구조는 어떤지 상상으로 그려보세요.

4. 라합이 생각하는 여호와 하나님은 어땠을지 나누어 보세요.

믿음의 여정: 그녀들의 길, 우리의 길

2. 상상에서 현실로

두 명의 정탐꾼

히브리인들이 여리고 성을 향해서 다가오고 있다는 소식은 점점 더 강하게 들려왔습니다. 라합은 어떻게 하면 자신과 가족들이 히브리인들의 공격에서 살아남을 수 있을지 두려운 마음으로 하루하루를 보냈습니다. 그러면서도 한편으로는 히브리인들의 전능한 하나님 여호와가 그의 백성들을 어떻게 인도하시는지 알고 싶은 마음이 간절했습니다.

이때 여호수아가 정탐꾼 두 명을 여리고 성으로 보냈습니다. 이집트를 떠날 때도 가나안으로 열두 명의 정탐꾼을 보내서 가나안 땅을 평가하라고 했습니다. 그때 가나안 땅을 정탐하고 왔던 여호수아가 이번에는 두 명의 정탐꾼을 여리고 성으로 파견한 것입니다. 두 명의 정탐꾼은 여리고 성안에서 가장 근거리에 위치한 라합의 유곽으로 숨어 들어갔습니다. 눈치가 빠른 라합은 두 사람을 바로 알아봤습니다. 여리고 성을 정탐하러 온 히브리인이라는 것을 바로 알아보았던 것입니다. 라합은 언제나 객지에서 온 여러 손님들을 맞이했고, 그들이 하는 이야기들로 어느 민족의 어느 지역 사람인지를 대충 짐작할 수 있었습니다.

두 명의 정탐꾼은 조심스럽게 라합의 유곽에 들어와서 조용히 눈에 띄지 않게 행동하며 유숙했습니다. 그런데 그날 밤 여리고의 왕에게 이스라엘의 정탐꾼이 들어왔다는 첩보가 전해졌습니다. 여리고의 왕은 성에서 가장 가까운 곳에 자리한 라합의 유곽으로 와서 정탐꾼을 봤는지, 성에 들어왔는지를 직접 탐문하고 다녔습니다. 여리고 왕의 질문에 라합은 이렇게 대답합니다.

"과연 그 사람들이 내게 왔었으나 그들이 어디에서 왔는지 나는 알지 못하였고 그 사람들이 어두워 성문을 닫을 때쯤 되어 나갔으니 어디로 갔는지 내가 알지 못하나 급히 따라가라 그리하면 그들을 따라잡으리라."(수2:4,5)

여리고의 왕은 라합의 말을 그대로 믿고, 정탐꾼을 잡기 위해 황급히 유곽을 떠났습니다. 그렇지만 라합은 이미 두 명의 정탐꾼을 지붕 위의 삼대 아래 숨겼습니다. 라합은 어디에서 이런 용기가 났을까요? 아마도 소문대로 히브리인들이 이 곳에 들어올 것이라고 상상했고, 상상대로 그들이 나타나서 라합은 침착하게 그들을 아무도 모르게 숨겨줄 수 있었습니다.

라합은 비록 기생이었지만 소문으로만 듣던 이스라엘의 하나님 여호와의 능력을 굳게 믿게 되었습니다. 하나님께서 라합에게 용기를 주시고 새로운 일에 대한 소망과 기대로 인도하셨습니다.

라합의 고백

여리고의 왕과 그의 부하들이 정탐꾼을 찾겠다고 나선 후에 성문이 굳게 닫혔습니다. 아무도 성 근처를 드나들 수 없게 되었습니다. 라합은 지붕 위로 올라가서 두 정탐꾼을 만납니다. 작은 목소리로 아주 조심스럽게 다가가서 먼저 말을 건넵니다.

"여호와께서 이 땅을 너희에게 주신 줄을 내가 아노라 우리가 너희를 심히 두려워하고 이 땅 주민들이 다 너희 앞에서 간담이 녹나니 이는 너희가 이집트에서 나올 때에 여호와께서 너희 앞에서 홍해 물을 마르게 하신 일과 너희가 요단 저쪽에 있는 아모리 사람의 두 왕 시혼과 옥에게 행한 일 곧 그들을 전멸시킨 일을 우리가 들었음이니라 우리가 듣자 곧 마음이 녹았고 너희로 말미암아 사람이 정신을 잃었나니 너희의 하나님 여호와는 위로는 하늘에서도 아래로는 땅에서도 하나님이시니라"(수2:9-11)

라합은 다른 말을 한 것이 아니라 여호와 하나님의 하신 일을 찬양합니다. 라합은 마치 이스라엘의 이집트 탈출을 눈으로 본 듯이 하나님을 찬양합니다. 자신이 소문으로만 들은 내용이었지만 여호와 하나님의 하신 일을 마음에 기억하고 생각하며 하나님을 높여 드렸습니다. 라합은 비록 기생 신분으로 천하게 살았지만, 하나님께서 심어 두신 생명의 근원을 찾고자 하는 갈망이 있었습니다. 자신의 상황과 환경을 뛰어넘어서 넓은 마음으로 전능하신 하나님을 갈망하고 간절히 만나길 소망했습니다.

그리고 그녀가 소망대로 하나님의 사람들을 만나게 된 것입니다. 여호와 하나님만이 자신이 전심으로 찾던 유일한 하나님이라는 것을 본능적으로 알게 되었습니다. 라합은 자신에게 다가온 이 기회를 놓치지 않았습니다.

라합은 여리고 성이 하나님의 백성인 이스라엘의 손으로 넘어가게 될 것을 확신했습니다. 그녀는 전능하신 여호와 하나님의 정탐꾼을 살려줌으로써 자신과 자신의 가족이 구원받을 수 있다고 생각했습니다. 그래서 과감하게 여리고 왕을 속이고, 정탐꾼을 숨기는 용감한 일을 할 수 있었습니다.

그녀의 삶 가운데 두 정탐꾼이 찾아왔지만 사실은 그녀의 삶을 바꿀 하나님이 그녀의 삶으로 들어오신 것이고, 라합은 마음을 열어 그분을 맞이한 것입니다. 정탐꾼을 맞이하면서 그녀는 여호와 하나님께 자신의 인생을 드리기로 작정했습니다. 자신과 자신의 가족을 구원해 주실 유일한 한 분에게 자신의 인생을 걸기로 한 것입니다. 그녀의 삶은 이제 새로운 경계를 넘어서 확장되는 찰나에 놓였고, 자신의 이름처럼 넓은 지경으로 나아갈 기회를 알아보고 놓치지 않았습니다.

기다리고 상상하고 생각하고 소망할 때 그 일이 눈 앞에 펼쳐질 때 알아채고 잡을 수 있게 됩니다. 하나님의 전능하심에 매료된 한 여성이 자신의 경계와 자신의 한계를 넘어서 자신을 던지게 된 것입니다.

그녀는 두 정탐꾼에게 하나님의 전능하심과 자신이 경외하게 된 일을 고백하고 찬양하므로 정탐꾼들을 놀라게 했습니다. 이방 여인의 입을 통해서 자신들의 하나님 여호와를 찬양하는 고백을 들을 줄 몰랐던 것입니다. 그리고 자신들을 숨겨준 라합의 용기에 감사하며 그 보답을 하고자 결심했습니다.

말씀을 통해 깊이 생각하기

1. 라합은 여호와 하나님에 대해서 어떻게 알게 되었나요?

2. 여리고의 왕이 라합에게 정탐꾼의 행방을 물었을 때 라합이 거짓말을 한 이유는 무엇인가요?

3. 라합이 두 정탐꾼을 숨겨주면서 생각한 것은 무엇이었을까요?

4. 라합이 여호와 하나님을 믿게 된 것처럼 나의 삶에서 하나님을 온전히 의지하게 된 계기를 나누어 보세요.

3. 구원의 줄

대담한 요구

두 정탐꾼을 숨겨준 라합은 하나님을 찬양한 후에 정탐꾼들에게 간청합니다.

"그러므로 이제 청하노니 내가 너희를 선대하였은즉 너희도 내 아버지의 집을 선대하도록 여호와로 내게 맹세하고 내게 증표를 내라 그리고 나의 부모와 나의 남녀 형제와 그들에게 속한 모든 사람을 살려 주어 우리 목숨을 죽음에서 건져내라"(수2:12,13)

라합이 정탐꾼들에게 은혜를 베푼 것처럼 라합과 자신의 가족을 살려 준다는 맹세를 해달라고 합니다.

내가 너희를 선대하였다는 뜻은 헤세드חֶסֶד 라는 단어로 자비와 은혜를 베풀었으니 나의 온 가족에게도 같은 은혜를 베풀어 줄 것이라는 증표를 요구합니다.

여기에서 증표에 해당하는 히브리어는 에메트אֱמֶת입니다. 이 단어는 진실이라는 뜻이 내포되어 있습니다. 영원히 변하지 않을 진리를 보여 달라고는 말입니다.

이에 정탐꾼은 바로 응답합니다.

"그 사람들이 그에게 이르되 네가 우리의 이 일을 누설하지 아니하면 우리의 목숨으로 너희를 대신할 것이요 여호와께서 우리에게 이 땅을 주실 때에는 인자하고 진실하게 너를 대우하리라"(수2:14)

정탐꾼들도 라합이 사용한 단어로 대답하며 맹세합니다.

인자하고(헤세드) 진실하게(에메트) 라합을 대우할 것이라고 약속을 합니다.

정탐꾼들은 하나님께서 여리고를 취하게 하실 때에 라합과 라합의 가족들을 확실히 살려주겠다고 약속합니다. 라합이 자신들의 하나님 여호와의 이름을 알고 그분을 향한 믿음을 고백하는 것을 듣고서 하나님의 이름으로 맹세합니다.

소망의 붉은 줄

정탐꾼들은 여리고 성이 어떻게 함락될 것인지에 대한 아무런 정보가 없었습니다. 그렇지만 라합과 한 약속은 꼭 지키겠다고 다짐합니다. 정탐꾼들의 약속을 들은 라합은 굵게 꼬아서 만든 밧줄을 내리고, 두 사람을 도피시킬 계획을 알려줍니다. 먼저 산으로 도망을 간 후에 여리고의 군사들을 피해 사흘 동안 머물러 있다가 집으로 돌아가라고 자세한 지략까지 전달합니다.

이 말을 들은 두 정탐꾼은 다시 한번 라합을 구원할 것이라고 맹세하면서 그 증표로 라합의 집 창에 붉은 줄을 매달아 놓으라고 합니다. 그 줄을 보면 그 집에 사는 사람들 모두를 구원해 줄 것이라고 말입니다.

라합은 두 정탐꾼들을 살리기 위해서 굵게 땋은 밧줄인 헤벨 חֶבֶל 로 그들을 살립니다. 그리고 그녀와 그녀의 온 가족들은 내려놓은 붉은 줄 티크와 תִּקְוָה 로 구원을 얻게 됩니다. 히브리어로 티크와는 가는 줄이라는 뜻과 함께 소망이라는 뜻도 있습니다.

라합은 소망의 줄을 드리우기로 합니다. 라합 가족 전체의 생명이 가는 붉은 줄에 달려 있게 되었습니다. 그 붉은 줄을 내려놓아도 이스라엘 사람들이 그 줄을 지나쳐 갈 수도 있고, 그 줄을 무시할 수도 있습니다. 그리고 두 정탐꾼들이 라합을 잊어버릴 수도 있습니다. 수많은 변수 가운데에서 라합은 그 가는 붉은 줄에 자신과 가족의 구원을 소망으로 걸었습니다.

두 정탐꾼은 라합의 지시대로 사흘 동안 산에 숨었다가 그들의 진영으로 돌아가서 이 일을 모두 보고합니다. 여리고 성의 사람들은 여호와 하나님의 하신 일로 인해서 간담이 녹고 무섭고 두려워서 공포 속에서 살아간다고 말입니다. 여호수아는 이 보고를 듣고 정말 하나님께서 그들에게 여리고 성을 맡기셨다는 것을 확신하게 됩니다. 그리고 하나님의 명령대로 여리고 성을 향해서 하나님의 인도를 따라 나아갑니다.

지켜진 소망의 맹세

우리가 잘 아는 것처럼 요단강을 건널 때는 요단강이 범람하는 우기였습니다. 언약궤를 맨 제사장들이 요단강에 발을 담그자마자 강물이 흘러내리다가 멈추고, 물이 한 곳에 벽처럼 쌓이게 됩니다. 그렇게 이스라엘 백성들은 하나님의 돌보심으로 요단강을 건너고, 여호수아는 열두 지파를 상징하는 열두 돌을 세워서 기념합니다. 여호와 하나님의 능하심을 기억하고 하나님을 경외하라는 증표를 세운 것입니다.

그리고 여리고 성을 앞두고 할례를 행합니다. 길갈에서 하나님과의 언약 백성임을 그들의 몸에 새기는 할례를 행하며 거룩한 백성으로 오직 하나님만을 의지하는 백성으로 준비되었습니다. 길갈에서 유월절을 지내고 가나안의 소산물을 만나 대신 먹게 되었습니다. 그동안 라합은 하루하루를 일 년 같이 보내며 하나님의 행하실 일을 기다리고 있었습니다.

하나님께서 칼이나 창을 사용하지 않고 오직 여호와 하나님만을 의지해서 여리고 성을 무너뜨리게 하십니다. 매일 한 번씩 조용하게 여리고 성을 6일 동안 돌고 난 후, 7일째 되는 날에는 7바퀴를 돌고 마지막으로 돌 때는 나팔을 불고 함성을 질러서 하나님께서 이스라엘 백성들에게 하신 일을 큰 소리로 찬양했을 때 성이 그대로 무너지게 됩니다.

여리고성에 입성한 여호수아는 라합을 잊지 않았습니다. 가장 먼저 라합의 집에 내려 놓은 붉은 줄을 따라가서 라합과 그녀의 가족들을 구원하라고 명령합니다. 드디어 라합과 라합의 가족은 모두 구원을 얻게 되었습니다.

"여호수아가 그 땅을 정탐한 두 사람에게 이르되 그 기생의 집에 들어가서 너희가 그 여인에게 맹세한 대로 그와 그에게 속한 모든 것을 이끌어 내라 하매 정탐한 젊은이들이 들어가서 라합과 그의 부모와 그의 형제와 그에게 속한 모든 것을 이끌어 내고 또 그의 친족도 다 이끌어 내어 그들을 이스라엘의 진영 밖에 두고"(수6:22,23)

말씀을 통해 깊이 생각하기

1. 라합이 '여호와께서 이 땅을 너희에게 주신 줄을 내가 아노라'(수 2:9)고 고백한 이유는 무엇 때문이었을까요?

2. 라합이 정탐꾼들에게 간청한 것은 무엇이었나요?

3. 여호수아가 라합을 살려내라고 한 이유는 무엇인가요?

4. 라합이 자신의 백성을 배신하고 이스라엘 정탐꾼들을 숨겨준 일에 대해서 당신의 의견을 나누어 보세요.

4. 그리스도의 족보에 오른 여인

소망하던 삶으로

마침내 여호수아의 명령대로, 그리고 맹세한 약속대로 기생 라합과 라합의 가족은 모두 구원을 받았습니다. 라합은 드디어 여리고 성을 떠나 이스라엘 사람들의 무리속으로 들어가서 지낼 수 있게 되었습니다. 기생으로서의 수치스러운 과거를 정리하고 평범한 사람들처럼 살 수 있게 되었습니다.

라합은 이름의 뜻처럼 과거를 뛰어넘어 확장된 미래의 새로운 삶을 얻게 되었습니다. 그녀는 이방인이지만 이스라엘 사람들을 살리는데 큰 공을 세운 인물이 되었습니다. 라합은 가족들과 함께 이스라엘 사람들과 더불어 살면서 여호와 하나님을 온전히 신뢰하게 되었습니다.

라합은 더욱 놀라운 경험을 하게 됩니다. 그것은 바로 두 정탐꾼 중에 한 명인 살몬과 결혼을 하게 된 것입니다. 두 사람 모두 그들의 과거에 대한 편견이 전혀 없었습니다. 이방 여인의 도움으로 목숨을 구한 정탐꾼이 결혼까지 생각하고 결단을 한 것에는 하나님의 즐거운 개입과 섭리가 있었음에 틀림없습니다.

메시야의 족보에 오른 믿음

라합은 늘 소망하던 대로 평범한 가정의 아내로 살아가게 되었습니다. 그녀가 막연하게 소문으로만 듣던 여호와 하나님께서 자신의 삶 속에 들어오셔서 좋은 것들로 풍성하게 채워주셨습니다.

라합이 정탐꾼에게 내가 당신들을 선대했으니 나와 나의 가족을 선대해달라고 요구한 것처럼 하나님께서 그녀의 인생을 선대하셨습니다. 헤세드의 하나님께서 그녀에게 헤세드로 그녀를 구원하시고, 그녀의 소망에 응답하셨습니다. 그녀를 살리신 것뿐 아니라 새로운 가정을 꾸릴 수 있도록 남편을 주셨고, 아들까지 주셨습니다.

"살몬은 보아스를 낳았고 보아스는 오벳을 낳았고 오벳은 이새를 낳고 이새는 다윗을 낳았더라."(룻4:21,22)

위의 족보를 보면 라합은 룻의 남편인 보아스를 낳았다는 것을 알게 됩니다. 그리고 보아스는 다윗 왕의 할아버지를 낳았습니다.

이방 여리고의 천한 기생인 라합이 하나님 여호와의 이름을 알게 되고 믿으며 의지했을 때 하나님은 그녀를 구원하실 뿐만 아니라 새로운 인생과 새로운 가족을 주셨습니다. 그리고 그녀를 통해서 다윗왕의 계보를 잇게 하셨습니다. 하나님의 놀라운 헤세드의 섭리가 아니면 결코 상상할 수도 없는 일이 일어난 것입니다.

라합이 낳은 아들과 그 자손들에 대해 더욱 놀라운 사실은 마태복음에서 밝혀 집니다.

> 아브라함과 다윗의 자손 예수 그리스도의 계보라
> 아브라함이 이삭을 낳고 이삭은 야곱을 낳고 야곱은 유다와 그의 형제들을 낳고
> 유다는 다말에게서 베레스와 세라를 낳고 베레스는 헤스론을 낳고 헤스론은 람을 낳고
> 람은 아미나답을 낳고 아미나답은 나손을 낳고 나손은 살몬을 낳고
> 살몬은 라합에게서 보아스를 낳고 보아스는 룻에게서 오벳을 낳고 오벳은 이새를 낳고"(마1:1-5)

예수님의 계보에 라합의 이름이 당당하게 들어가 있습니다. 이방 여인인 라합의 이름은 그대로 족보에 오르게 되었습니다.

하나님의 섭리는 우리가 헤아려 알 수 없는 깊이와 넓이가 있습니다. 이방의 기생을 통해서도 그리스도가 태어나게 하신 것처럼 우리를 구원하시려는 하나님의 계획과 뜻은 깊고 넓습니다. 우리의 어떠함에 따라서 우리를 구원하시고 살리신 것이 아니라 전적인 하나님의 의지

와 사랑과 은혜로 그렇게 하신 것입니다.

기생 출신의 라합이 왜 믿음의 여인인가라는 의문은 여기에서 사라지게 됩니다. 그리고 라합의 믿음은 신약 성경에 당당하게 기록됩니다.

"믿음으로 기생 라합은 정탐꾼을 평안히 영접하였으므로 순종하지 아니한 자와 함께 멸망하지 아니하였도다."(히11:31)

라합은 정탐꾼을 숨겨주고 평안하게 보냄으로 인해서 그녀의 가족과 구원을 받으므로 믿음의 선조가 된 것입니다.

또한 야고보서에는 라합의 믿음이 곧 행함이 있는 믿음의 표본이라고 기록하고 기억하고 있습니다.

"또 이와 같이 기생 라합이 사자들을 접대하여 다른 길로 나가게 할 때에 행함으로 의롭다 하심을 받은 것이 아니냐"(약2:25)

말씀을 통해 깊이 생각하기

1. 라합의 인생이 바뀐 가장 큰 이유는 무엇일까요?

2. 라합이 정탐꾼 살몬과의 결혼이 주는 의미는 무엇일까요?

3. 마태복음 1장 예수님의 족보에 나온 라합의 이름은 어떤 의미가 있을까요?

4. 라합의 인생에서 내가 배울 점은 무엇인지 나누어 보세요.

〈룻과 나오미〉, 얀 빅토르스, 1653, 퀸즈대학 애그니즈 애더링턴 아트센터, 온타리오 킹스턴, 캐나다

… 중략 …

V
듯
―
아름다움

1. 룻기

하메쉬 메길로트

이스라엘에서 성경(타나크תנ״ך)을 대중과 함께 낭독할 때 절기마다 반복해서 읽는 다섯 개의 책이 있습니다. 이것을 다섯 개의 두루마리들이라고 말하는데 이것이 '하메쉬 메길로트'입니다.

하메쉬חמש는 히브리어로 다섯을 의미하고 메길로트מְגִילוֹת 는 두루마리들을 의미합니다. 이 다섯 권의 책인 하메쉬 메길로트는 아가, 룻기, 애가, 전도서, 에스더를 말합니다.

이 책들은 각각 유월절, 오순절, 아브월, 초막절, 부림절에 낭독합니다. 아가는 하나님의 사랑을 노래하여 유월절에 이집트를 탈출하게 하셨던 하나님의 은혜를 기억하라고 낭독합니다.

룻기는 오순절(칠칠절)에 율법을 수여 받은 것과 수확의 기쁨을 노래하며 낭독합니다.

그리고 애가는 예루살렘 성전이 파괴된 날을 애도하며 낭독합니다.

에스더서는 유대인의 구원을 기념하면서 에스더서에 나오는 부림절을 지키며 낭독합니다.

룻기는 하메쉬 메길로트 중 한 권으로 오순절에 낭독되는 책입니다. 룻기는 보리 이삭을 줍기 시작해서 밀 이삭을 추수하는 내용으로 이어집니다. 룻기에는 이방 여인인 룻을 수용하는 이스라엘 공동체의 포용성을 다루고 있기에 오순절에 낭독하면서 이스라엘 사람들이 이집트 땅에서 자신들도 이방인이었다는 것을 기억합니다. 더불어 룻기에는 다윗 왕의 계보를 다루고 있기때문에 다윗 왕조의 영원한 계승을 찬양하게 됩니다. 탈무드 전승에 의하면 다윗 왕이 오순절에 태어나서 오순절에 죽었다는 기록이 있어서 룻기를 낭독한다고도 합니다.

유대교 전통에서는 이런 이유 등으로 오순절에 룻기를 낭독하지만 기독교에서는 오순절에 성령님이 오셨기 때문에 더욱 의미가 깊습니다. 오순절에 성령이 임함으로써 교회가 탄생했고, 이 교회는 유대인과 이방인이 함께 이루는 새 언약의 공동체 입니다. 그래서 룻기의 보아스와 룻의 결합은 이방인과 이스라엘이 하나가 되는 구속사를 드러내는 책입니다.

룻기는 아주 짧은 책으로 한 여인의 일생에서 가장 중요한 부분을 묘사하는 소소한 책처럼 보이지만 의미는 큽니다. 룻기는 하나님의 숨겨둔 섭리, 헤세드(인자와 자비)의 실천, 이방인 포용, 생명과 회복, 그리고 구속사적 계보라는 신학적 의미를 지닌 책입니다. 룻기는 구약의 역사와 신약의 복음, 다윗 왕조와 메시아, 이방인과 하나님의 백성, 절망과 회복이라는 신학적 주제를 연결하며, 구속사 전체에서 매우 중요한 위치를 차지합니다.

모압으로 이민을 간 가족

룻기는 "사사들이 치리하던 때에"라는 시기를 알리는 문장으로 시작합니다. 사사들이 치리하던 때는 우리가 흔히 알고 있듯이 가나안에 들어온 이스라엘 백성들이 가나안의 문화를 저항없이 받아들이며 하나님보다 우상을 숭배하던 시기였습니다. 여호수아 사후에 장로들이 다스리던 시기가 지나고 나서 바로 이스라엘의 죄악으로 인한 하나님의 징계로 이웃의 민족들이 쳐들어와서 그들을 괴롭히던 시기였습니다. 그때마다 하나님께서 이스라엘의 부르짖음과 회개를 듣고, 사사들을 일으키셔서 이스라엘 백성들을 구원하셨습니다.

룻기는 곧이어 한 가족을 소개합니다. 당시 이스라엘에 흉년이 들어서 이민을 선택한 한 가족을 소개하는데 이 가족이 이민지로 선택한 땅은 모압이었습니다. 모압에는 풍족한 곡식이 있다는 소문에 자신들의 고향인 베들레헴을 뒤로 하고 모압으로 향했습니다.

이 가족은 당시의 여느 가문처럼 하나님의 말씀에는 관심이 없었던 것 같습니다. 왜냐하면 모압 민족은 하나님께서 이스라엘 백성들에게 율법에 기록하면서까지 이스라엘 총회에 편입시켜서는 안된다고 결정한 민족이었기 때문입니다. 그럼에도 아무런 거리낌없이 모압으로 기근만은 피하기위해 하나님께 묻지도 않고 떠났던 것입니다.

"암몬 사람과 모압 사람은 여호와의 총회에 들어오지 못하리니 그들에게 속한 자는 십 대뿐 아니라 영원히 여호와의 총회에 들어오지 못하리라. 그들은 너희가 애굽에서 나올 때에 떡과 물로 너희를 길에서 영접하지 아니하고, 또 메소보다미아의 브돌 사람 브올의 아들 발람에게 뇌물을 주어 너희를 저주하게 하였으나, 네 하나님 여호와께서 너를 사랑하시므로 네 하나님 여호와께서 발람의 말을 듣지 아니하시고, 그 저주를 변하여 복이 되게 하셨나니, 네 평생에 그들의 평안함과 형통함을 영원히 구하지 말지니라."(신23:3-6)

하나님의 총회에 들어오지 못하게 한 이유를 기록하고 있습니다. 이런 이유 외에도 모압과 암몬의 조상은 하나님 앞에서 죄악으로 탄생한 민족이었습니다.

"롯의 두 딸이 아버지로 말미암아 임신하고 큰 딸은 아들을 낳아 이름을 모압이라 하였으니 오늘날 모압의 조상이요 작은 딸도 아들을 낳아 이름을 벤암미라 하였으니 오늘날 암몬 자손의 조상이었더라"(창19:36-38)

모압 민족이 총회에 들어오지 못하도록 금지한 주된 이유는 출애굽 시기에 적대하고 저주한 행위도 있지만, 그들의 부정한 기원도 이스라엘의 배타적 태도에 영향을 주었을 가능성이 있다고 보여집니다.

이민의 결과
이렇게 모압 땅으로 이민을 간 가장의 이름은 엘리멜렉 אֱלִימֶלֶךְ 이었습니다. 그의 이름 뜻은 '하나님은 나의 왕'이라는 뜻입니다. 그의 아내의 이름은 나오미נָעֳמִי이고, 그 이름의 뜻은 '기쁨'입니다. 이들은 하나님의 뜻을 구하지 않고 기근을 피해서 가족들의 먹을 것과 입을 것을 위해서 모압으로 향했습니다.

그들에게는 두 아들이 있었는데 첫째 아들 이름은 말론מַחְלוֹן 입니다. 말론의 이름 뜻은 '약함', 또는 '병약함'입니다. 그리고 둘째 아들의 이름은 기룐כִּלְיוֹן 이고 '황폐', '소멸' 이라는 뜻입니다.

말론과 기룐이라는 이름의 부정적 의미는 단순한 우연이 아니라, 룻기 저자가 의도적으로 사용한 신학적, 문학적 장치로 보입니다. 말론과 기룐의 이름은 단순히 개인의 운명뿐 아니라, 이스라엘 공동체의 영적 쇠퇴와 고난의 시대를 반영합니다. 흉년과 이방 땅 이주, 가족의 죽음 등 룻기 초반의 비극적 상황이 이 이름들을 통해 강조되고 있는 것입니다.

고대 근동에서는 이름이 인물의 운명이나 성격, 혹은 이야기의 주제를 암시하는 문학적 장치로 자주 사용되었습니다. 말론과 기룐의 이름은 그들의 삶의 결말(요절, 단명, 자손 없음)을 예고하는 상징적 역할을 하는 것으로 보입니다.

놀랍게도 이 가족의 남자들은 모압 땅에서 모두 죽고 맙니다. 아버지 엘리멜렉부터 맏아들 말론과 둘째 아들 기룐까지 말입니다. 모압에서의 십여 년의 삶 가운데에서 남은 것은 모압 출신의 두 며느리와 늙은 시어머니뿐이었습니다.

엘리멜렉의 아내인 나오미는 더 이상 모압 땅에 남을 이유를 찾을 수가 없었습니다. 한시라도 고통과 슬픔의 땅인 모압을 떠나는 것이 그녀의 소망이 되었습니다. 그리고 마침 이제는 더 이상 베들레헴에 기근은 사라지고 풍족함이 넘친다는 소문이 들려왔습니다. 이제 다시 소문을 따라 고향 땅으로 가서 여생을 마치겠다는 작은 소망 하나를 가지고 떠날 결정을 합니다. 이제 두 며느리에게 안녕을 고하는 일만 남았습니다.

나오미는 두 며느리에게 이렇게 설명합니다. 그 당시에 지켜야만 했던 "형사취수 제도Levirate Marriage[1]"에 근거하여 자신이 늙어서 더 이상 아들을 낳을 수 없으니 며느리들이 각자의 친정 민족으로 돌아가라고 합니다. 그러자 두 번째 며느리인 오르바는 시어머니의 말을 듣고 순순히 그녀의 가족에게로 돌아갑니다. 그러나 맏며느리인 룻은 그렇게 하지 않습니다. 시어머니를 떠나지 않겠다고 완강하게 말하며 나오미의 뒤를 쫓아옵니다. 그리고 이렇게 고백합니다.

"룻이 이르되 내게 어머니를 떠나며 어머니를 따르지 말고 돌아가라 강권하지 마옵소서 어머니께서 가시는 곳에 나도 가고 어머니께서 머무시는 곳에서 나도 머물겠나이다 어머니의 백성이 나의 백성이 되고 어머니의 하나님이 나의 하나님이 되시리니 어머니께서 죽으시는 곳에서 나도 죽어 거기 묻힐 것이라 만일 내가 죽는 일 외에 어머니를 떠나면 여호와께서 내게 벌을 내리시고 더 내리시기를 원하나이다 하는지라."(룻1:16, 17)

---

[1] 이 제도는 구약 율법 신명기 25:5-10에 명시된 관습으로, 형제가 자식 없이 죽었을 경우, 그 형제의 아내(형수)를 남은 형제나 가까운 친족이 아내로 맞아 고인의 이름과 가문을 이어 주는 제도입니다.

나오미는 십 년간의 회한을 가슴에 지니고 홀로 고향땅으로 가게 될 줄 알았습니다. 그러나 그녀의 맏며느리는 혼자서 베들레헴으로 가게 하지 않았습니다. 결국 이방 며느리인 룻과 함께 베들레헴으로 향하게 되었습니다. 며느리까지 함께 가는 여정에서 앞으로 헤쳐 나가야 할 많은 난관들을 염려할 여력도 없이 베들레헴 고향 땅을 향해 발길을 돌렸습니다.

그렇지만 며느리인 룻은 시댁이 믿는 하나님과 그 민족에 대한 신뢰가 있었습니다. 함께 살아 온 날들 동안 시어머니인 나오미가 늘 말하는 하나님과 그 하나님이 함께하는 이스라엘 민족에 대한 이야기는 자신의 민족인 모압과는 확연히 다르다는 것을 마음 속으로 알고 있었습니다. 룻의 민족인 모압이 섬기는 신인 그모스[2]는 인신 제사를 받는 아주 고약하고 잔인한 신이었습니다. 하나님께서 이집트를 탈출한 이스라엘 민족들이 가나안을 정복하도록 인정한 이유가 바로 가나안 민족의 악이 가득해서 더 이상 두고 볼 수 없기 때문이고, 두 번째 이유는 인신 제사를 하는 민족에 대한 하나님의 심판 때문이었습니다.

룻은 마음에 새로운 소망을 품고 길을 나섰습니다. 연로한 시어머니를 봉양하겠다는 책임감과 함께 시어머니의 민족과 시어머니의 하나님을 믿고 따르고 싶다는 결정으로 의연하게 길을 따라 나섰습니다. 나오

---

[2] 그모스는 전쟁의 신으로 모압 민족에게 전쟁과 승리를 가져다주는 신으로 여겨졌습니다. 모압 왕 메사는 전쟁에서 승리한 것을 그모스 신의 힘으로 돌렸습니다. 그리고 국가의 신으로 자신들을 "그모스의 백성"이라고 불렀으며, 민족의 정체성과 깊이 연결된 신이었습니다. 그모스는 잔인한 제사로 위기 상황에서 그모스에게 인신제사(특히 어린아이를 불에 태우는 제사)를 드렸던 것으로 전해집니다. 성경에도 모압 왕이 전쟁에서 패할 위기에 자신의 맏아들을 제물로 바쳤다는 기록이 있습니다(열왕기하 3:27).
또한 몰렉과의 유사성이 있으며 암몬 족속이 숭배한 몰렉(밀곰)과 동일한 신에서 유래했다는 해석도 있습니다.

미와 룻이 가는 길이 기근과 사망이라는 어두움이 가득했음에도 하나님의 자비로운 인도하심은 햇살같이 동행했습니다.

말씀을 통해 깊이 생각하기

1. 엘리멜렉이 모압 땅으로 이주한 이유는 무엇이었나요?

2. 나오미가 며느리들에게 모압의 그녀들의 가족에게 돌아가라고 한 이유는 무엇이었나요?

3. 룻의 "어머니의 하나님이 나의 하나님이 되시리니"라는 고백은 그녀의 신앙에 대해 무엇을 보여줍니까?

4. 룻이 나오미를 따라가기로 한 결정에서 우리가 배울 수 있는 헌신과 충성의 의미는 무엇일까요?

2. 이삭 줍기

추수 때

나오미와 며느리 룻이 베들레헴에 도착한 때는 마침 보리 수확이 한창이었습니다. 기근으로 모압 땅으로 도망갔던 나오미는 풍작인 보리밭을 바라보면서 고향 땅에 돌아오게 되었습니다. 고향에 돌아온 나오미를 본 마을 사람들은 나오미를 알아보며 나오미가 아니냐고 반겨 맞이했습니다. 그러나 나오미는 자신의 이름을 기쁨이 아니라 마라[3]라고 부르라며 자조 섞인 말로 대꾸합니다.

"나오미가 그들에게 이르되 나를 나오미라 부르지 말고 나를 마라라 부르라 이는 전능자가 나를 심히 괴롭게 하셨음이니라 내가 풍족하게 나갔더니 여호와께서 내게 비어 돌아오게 하셨느니라 여호와께서 나를 징벌하셨고 전능자가 나를 괴롭게 하셨거늘 너희가 어찌 나를 나오미라 부르느냐

---

3 마라 : 쓰다

하니라"(룻1:20,21)

룻기 2장에서는 보아스라는 사람을 급하게 소개합니다. 보아스는 나오미의 남편의 유력한 친족이라고 소개합니다. 그리고 룻이 시어머니를 위해 이삭을 주우러 달려 간 밭이 바로 보아스의 밭이었다고 밝히고 있습니다.

사실 이스라엘 율법에는 가난한 사람들을 위해서 열매와 곡식들을 철저하게 수확하지 않도록 했습니다. 밭모퉁이나 나뭇가지에 이삭과 열매를 남겨두어야 했습니다. 그러면 수확이 끝난 후에 가난한 이웃들이 와서 주워 갈 수 있게 한 것입니다.

"너희가 너희의 땅에서 곡식을 거둘 때에 너는 밭 모퉁이까지 다 거두지 말고 네 떨어진 이삭도 줍지 말며 네 포도원의 열매를 다 따지 말며 네 포도원에 떨어진 열매도 줍지 말고 가난한 사람과 거류민을 위하여 버려두라 나는 너희의 하나님 여호와이니라."(레19:9-10)

그런데 룻은 수확이 다 끝난 후에 이삭을 주워야 한다는 이해가 없었습니다. 일단 베들레헴으로 온 이상 시어머니와 함께 생존해야 했으므로 한시라도 빨리 보리밭으로 달려간 것입니다. 이스라엘의 율법이나 풍습을 잘 아는 나오미가 이삭을 주울 때를 알려주어야 했지만 그에게 남은 것은 고통뿐이었고, 아무런 여력도 없었습니다.

룻은 그렇게 보리밭에서 가장 눈에 띄는 사람이 되었습니다.

보아스의 밭에서

룻은 누구보다도 열심히 이삭을 주었습니다. 그런 그녀의 모습은 결국 밭의 주인인 보아스의 눈에 띄게 됩니다. 보아스는 사환을 통해 룻이 아침부터 나와서 잠깐 집에 가서 쉰 것 외에는 줄곧 이삭을 줍고 있다고 전합니다.

보아스는 보리 추수를 하는 사람들에게 룻을 잘 보살피고 함부로 대하지 않도록 당부합니다. 그리고 룻에게도 다른 밭으로 가지 말고 추수하는 일꾼들에게서 보호도 받고, 물과 여러 가지를 얻으라고 일러둡니다.

룻은 보아스의 친절과 배려에 땅에 엎드려서 절을 하고 그의 호의에 감사하며 감격했습니다. 보아스는 룻을 이렇게 칭찬합니다.

> "보아스가 그에게 대답하여 이르되 네 남편이 죽은 후로 네가 시어머니에게 행한 모든 것과 네 부모와 고국을 떠나 전에 알지 못하던 백성에게로 온 일이 내게 분명히 알려졌느니라 여호와께서 네가 행한 일에 보답하시기를 원하며 이스라엘의 하나님 여호와께서 그의 날개 아래에 보호를 받으러 온 네게 온전한 상 주시기를 원하노라 하는지라"(룻2:11,12)

보아스는 룻을 보고 누군가를 떠올렸습니다. 바로 자신의 어머니입니다. 보아스의 어머니는 바로 라합입니다. 여리고의 기생이었던 이방 여인 라합은 여리고 입성에 큰 공을 세웠지만 이스라엘의 무리 속에서 이방인으로 지내는 것이 결코 쉽지만은 않았을 것입니다. 그런 어머니 밑에서 자란 보아스는 성정이 부드럽고, 마음이 넓어서 다른 사람들을 배려하고 일꾼들에게도 덕을 베푸는 사람이 되었습니다. 그래서 더욱 이방인들을 관대하게 대했고, 룻을 보자 자신의 어머니가 떠올라서 할 수 있는 모든 배려를 베풀었습니다.

룻은 보아스의 배려 덕분에 많은 양의 보리[4]를 주워 갈 수 있었습니다. 또한 보아스는 자신의 일꾼들에게 룻을 잘 보살피고, 밭이랑마다 곡식 이삭을 한 웅큼 일부러 떨어뜨려 놓으라고 당부합니다.

나오미는 고향 땅에 빈손이 되어 돌아왔지만 그들을 돌보시는 하나님의 손길을 느끼게 되었습니다. 룻의 선한 행동으로 인해서 보아스의 마음이 움직였고, 보아스의 배려로 인해서 나오미는 하나님의 복을 다른 사람들에게도 빌어줄 수 있는 여유를 찾게 되었습니다.

이스라엘에서 보리 수확기는 4월에서 5월이며, 밀 수확기는 6월에서 7월 사이입니다. 그리고 가을에는 여러 종류의 과일을 수확하면서 하나님께 감사하며 또한 가난한 이웃들을 돌볼 수 있습니다. 룻은 보아스의 밭에서 보리 수확기에 이어 밀 수확기를 보내면서 자신과 시어머니만을 생각하면서 열심히 일했습니다.

룻은 베들레헴에서 자신이 품고 왔던 소망을 다시 한번 생각하게 되었습니다. 이 소망의 씨앗이 나오미에게도 전해져서 마음의 여유를 갖게 되었습니다. 여기에는 보아스의 숨은 배려가 자리하고 있었습니다. 그리고 이 만남 뒤에는 하나님의 숨어 있는 섭리가 있었습니다.

---

4 보리 한 에바 양 : 약 22리터(약 16kg)

말씀을 통해 깊이 생각하기

1. 룻이 베들레헴에 도착하자마자 이삭을 주우러 나갔는데 이렇게 한 이유는 무엇일까요?

2. 보아스가 룻을 위해서 한 조치들과 행동은 무엇이 있었나요? 구체적으로 적어보세요. (룻2:8-16)

3. 룻이 보아스의 밭에 가서 이삭을 줍게 된 것은 우연일까요? 자신의 언어로 설명해 보세요.

4. 율법에는 밭에 곡식을 남겨두어 가난한 자를 도우라는 명령이 있지만 사사 시대에는 잘 지켜지지 않았음에도 보아스의 사려 깊은 행동은 어떤 의미가 있는지 나누어 보세요.

3. 옷자락으로 덮어 주세요

오로지 룻을 위하여

나오미는 룻이 이삭을 주우러 다닌 곳이 친족 관계에 있는 보아스의 밭임을 알게 되었을 때 룻을 위한 지혜가 떠올랐습니다. 이제 나오미에게도 과부가 된 며느리 룻을 살필 꾀가 떠오를 만큼 마음의 여유가 생긴 것입니다.

> "룻의 시어머니 나오미가 그에게 이르되 내 딸아 내가 너를 위하여 안식할
> 곳을 구하여 너를 복되게 하여야 하지 않겠느냐"(룻3:1)

나오미는 룻에게 늙은 시어머니만을 봉양하는 것이 그녀의 삶의 목적이 되지 않도록 자신의 인생의 지혜를 발휘합니다.

> "그런즉 너는 목욕하고 기름을 바르고 의복을 입고 타작마당에 내려가서

그 사람이 먹고 마시기를 다 하기까지는 그에게 보이지 말고 그가 누울 때에 너는 그가 눕는 곳을 알았다가 들어가서 그의 발치 이불을 들고 거기 누우라 그가 네 할 일을 네게 알게 하리라 하니"(룻3:3,4)

룻은 시어머니의 말에 그대로 순종해서 저녁에 타작마당으로 갑니다. 타작을 마친 후에 일꾼들은 노동의 고됨과 수확의 기쁨으로 술을 마시며 잔치를 하다가 추수한 곡식을 도둑맞지 않도록 타작마당에서 잠들기도 했습니다.

룻은 이곳으로 시어머니의 권유대로 예쁘게 단장을 하고 갔습니다. 타작마당 여기저기에는 일꾼들이 술에 취해 잠들어 있었습니다.

보아스도 풍성한 수확으로 인해 기쁘고 들뜬 마음으로 타작마당에서 잠이 들어 있었습니다. 이때 곱게 단장을 한 룻이 보아스의 발치에 있던 이불을 들고 그 아래에 누웠습니다. 시어머니 나오미가 룻을 위해서 알려준 방법대로 말입니다.

타작 마당에서

시간이 얼마나 지났는지 밤중에 잠이 깬 보아스는 깜짝 놀라서 일어납니다. 그리고 룻을 보고 한번 더 놀랍니다. 그러자 룻은 조용히 시어머니가 일러준대로 말합니다.

"이르되 네가 누구냐 하니 대답하되 나는 당신의 여종 룻이오니 당신의 옷자락을 펴 당신의 여종을 덮으소서 이는 당신이 기업을 무를 자가 됨이니이다 하니"(룻3:9)

이에 보아스는 룻의 말에 놀랐지만 침착하게 보리를 여섯 되를 되어 주고 룻을 안심시켜 줍니다.

"이 밤에 여기서 머무르라 아침에 그가 기업 무를 자의 책임을 네게 이행하려 하면 좋으니 그가 그 기업 무를 자의 책임을 행할 것이니라 만일 그가 기업 무를 자의 책임을 네게 이행하기를 기뻐하지 아니하면 여호와께서 살아 계심을 두고 맹세하노니 내가 기업 무를 자의 책임을 네게 이행하리라 아침까지 누워 있을지니라 하는지라"(룻3:13)

보아스는 룻이 자신의 발치로 온 이유를 정확하게 알아차렸습니다. 옷자락을 덮어달라는 의미가 결혼을 뜻하는 것이기도 하고, 룻의 사정을 누구보다 잘 알고 있었기 때문입니다. 그렇지만 보아스는 서두르다가 일을 그르치는 일이 없도록 룻의 가문에서 가장 가까운 친족의 의사를 먼저 물어보겠다고 전합니다. 보아스는 이렇게 안심시키며 룻의 마음을 받았음을 알려줍니다.

이제 모든 일의 책임은 나오미의 지혜를 따라 룻의 실행으로 그리고 마지막으로 보아스에게로 넘어갔습니다. 보아스는 룻에게 더 가까운 친족과 해결해야 할 절차가 있음을 설명합니다. 그리고 룻에게 더 누워 있다가 날이 완전히 밝기 전에 타작마당에서 나와 집으로 돌아가라고 일러줍니다.

집으로 돌아온 룻을 보고 나오미는 급한 마음에 일의 진척 묻습니다. 그리고 룻의 손에 들려 보낸 보리 여섯 되를 보고서 보아스에게 나머지 일을 모두 맡기고 기다려야 함을 알아 차렸습니다.

"이에 시어머니가 이르되 내 딸아 이 사건이 어떻게 될지 알기까지 앉아 있으라 그 사람이 오늘 이 일을 성취하기 전에는 쉬지 아니하리라 하니라."(룻3:18)

룻의 안식을 위해서 지혜를 냈던 나오미는 며느리 룻에게 모든 일의 주도권이 보아스에게 있음을 알려줍니다. 이 일을 성취하기 전에는 쉬지 아니하리라는 말처럼 룻의 안식을 위해서 보아스는 안식도 없이 열심히 다음 일들을 준비합니다.

이방 여인 룻이 베들레헴 땅에서 보여준 신실함과 자비는 보아스의 마음에도 은혜를 불어 넣었습니다. 히브리어 헤세드חֶסֶד는 하나님의 은혜와 자비를 뜻합니다. 이 하나님의 은혜와 자비가 한 가문을 다시 일으키는 기적으로 돌아옵니다.

나오미와 룻은 보아스의 쉬지 않는 열심을 기대하면서 하나님의 행하실 새 일도 기대했습니다.

말씀을 통해 깊이 생각하기

1. 나오미가 룻에게 '안식할 곳'을 구하라고 한 이유는 무엇인가요?

2. 룻이 나오미의 지시에 따라 보아스의 발치에 누운 행동에 대해 어떻게 생각하나요?

3. 보아스가 룻의 말을 듣고 난 후에 조치한 것은 무엇인가요?

4. 보아스가 룻에게 "네가 베푼 인애가 처음보다 나중이 더하도다"라고 말한 의미는 무엇인지 나누어 보세요.

4. 기업 무를 자

고엘, 기업 무를 자

보아스는 날이 밝자마자 성문으로 올라갔습니다. 당시 성문은 장로들이 법적인 일을 처리하는 장소였습니다. 보아스는 나오미의 말대로 약속한 일들을 성취하기 위해서 쉬지 않고 일하기 위해서 성문으로 갔습니다.

룻과 보아스 사이에 법적인 문제는 무엇이었을까요? 룻에게 말한 대로 기업 무를 자의 자격이 더 가까운 친족이 한 명 있었습니다.

기업을 무른다는 뜻은 고엘 גאל 제도를 말한 것으로 친족들 간의 상호 보호와 공동체의 결속을 위해 만들어진 제도입니다. 그 내용은 다섯 가지로 살펴볼 수 있습니다.

첫째는 가난으로 땅을 팔았을 때 가까운 친족이 그 땅을 다시 사서 돌려주는 역할입니다.

둘째는 빚으로 종이 된 친족을 대신 돈으로 다시 자유롭게 해주는 역할입니다.

셋째는 친족이 살해당했을 때 살인자에 대한 정당한 처벌을 요구하거나 복수해야 하는 역할입니다.

넷째는 피해자가 사망한 경우 가해자로부터 보상금을 대신 받을 수 있습니다.

마지막으로 형제가 자식이 없이 사망한 경우 미망인과 결혼하여 가문의 대를 잇는 역할입니다.

가장 가까운 친족들부터 이러한 의무를 갖게 됩니다. 또한 기업을 무를 자는 그러한 의도와 권한과 재산과 소유를 가졌을 때 가능한 일입니다.

이런 고엘 제도를 잘 알고 있던 나오미가 보아스와 룻을 연결시키기 위해서 자신이 지혜를 내어서 보아스와 룻의 만남을 준비했던 것입니다. 그런데 나오미의 남편 가문에 보아스보다 더욱 가까운 친족이 있었고, 이것을 해결하기 위해 보아스는 성문으로 간 것입니다.

보아스는 엘리멜렉 가문의 가장 가까운 친족에게 엘리멜렉의 소유된 땅을 되사올 생각이 있는지 묻습니다. 이 친족은 이름조차 기록되어 있지 않습니다. 이 친족은 처음에는 엘리멜렉의 땅을 자신이 다시 살 의향이 있다고 말합니다. 그러자 보아스는 다시 그 가문의 기업을 무르려면 과부이며 이방 여인인 룻에게서 소유권을 받아서 룻을 통해서 가문도 세워야 할 것이라고 전합니다.

이 말은 룻과 결혼을 하고, 룻을 부양해야 함은 물론이거니와 룻과의 사이에서 태어나는 자녀를 자신의 가문에 올리는 것이 아니라 엘리멜렉의 가문에 올려서 부양을 해야 하는 의무가 있음을 상기시켜 준 것입니다.

이에 이 친족은 모든 책임을 지지 않겠다고 선언함으로 그 다음 기업 무를 자인 보아스가 엘리멜렉의 땅을 되사오는 것과 함께 룻의 결혼까지 합법적으로 승계 받게 됩니다. 이 친족은 장로들 앞에서 얼른 자신의 신발을 벗어서 엘리멜렉 가문의 어떠한 권한도 의무도 이행하지 않겠다고 선언합니다. 신발을 벗는다는 것은 모든 책임과 의무에서 벗어나겠다는 뜻입니다.

이제 보아스는 룻의 가장 가까운 친족이 되어서 엘리멜렉의 소유지를 다시 되사올 수 있게 되었고, 룻과 룻의 가족을 합법적으로 돌볼 수 있게 되었습니다. 즉 룻과 결혼을 할 수 있게 된 것입니다.

아들을 낳고

룻과 보아스는 법적으로 부부가 되었고, 곧 아들을 낳습니다. 나오미는 자신이 아들을 얻었다며 이웃에게 자랑합니다. 하나님과 이웃에게 감사와 찬양을 드립니다. 나오미와 룻의 고생이 이제는 행복과 기쁨으로 회복된 것을 모두 축하합니다. 이웃 여인들은 이 아들의 이름을 오벳 עֹבֵד, '하나님의 종'이라고 지어줍니다.

이방 여인 룻이 시어머니를 봉양하겠다는 갸륵한 마음으로 자신의 민족을 버리고, 이스라엘 베들레헴으로 왔을 때 하나님께서 헤세드의 은혜와 자비를 주셨습니다.

> "베레스의 계보는 이러하니라 베레스는 헤스론을 낳고
> 헤스론은 람을 낳았고 람은 암미나답을 낳았고
> 암미나답은 나손을 낳았고 나손은 살몬을 낳았고
> 살몬은 보아스를 낳았고 보아스는 오벳을 낳았고
> 오벳은 이새를 낳고 이새는 다윗을 낳았더라"(룻4:18-22)

룻기 마지막에 기록된 족보는 다윗왕의 계보입니다. 그리고 이 계보는 예수님의 족보로 마태복음에도 이어집니다. 한 모압 여인의 헌신과 결단이 한 가문을 세우고 왕의 계보로 이르게 하며, 또한 메시아의 계보로 이어지게 됩니다. 이렇게 해서 예수님의 계보에는 모압 여인 룻의 이름이 선명하게 기록되어 완성됩니다.

우리의 고엘

우리의 죄악으로 인해 빼앗긴 하나님의 자녀의 위치, 하나님이 주신 풍성함, 하나님이 주신 생명, 하나님이 주신 자유를 우리의 예수님이 친히 오셔서 우리의 기 업무를 자가 되어 온전히 되갚아 주셨습니다.

우리의 고엘이 되신 예수님이 친히 우리를 구원하실 의도를 가지고, 우리와 같은 몸으로 오셨으나 죄는 없으신 순결한 모습으로 넘치는 풍요함으로 우리를 속량하신 것입니다. 예수님은 우리의 고엘이 되셔서 우리를 하나님의 자녀 삼아주셨습니다.

말씀을 통해 깊이 생각하기

1. 보아스가 성문에서 기업 무를 자와 장로들을 만난 이유는 무엇입니까?

2. 첫 번째 기업 무를 자가 땅은 사겠다고 했지만 룻과 결혼하는 것은 거절한 이유는 무엇입니까?

3. 보아스가 룻과 결혼하여 엘리멜렉의 기업을 이어가기로 한 결단을 하게 된 가장 큰 이유는 무엇일까요?

4. 보아스가 룻의 고엘이 되어준 것처럼, 예수님은 어떤 면에서 우리의 궁극적인 고엘이 되셨는지 나누어 보세요.

믿음의 여정: 그녀들의 길, 우리의 길

1판 1쇄 발행일	2025년 9월 17일
지은이	박길나
펴낸이	황준연
표지 본문 디자인	오형석
펴낸곳	함성행성
출판사등록	2024.2.8(제2024-9호)
주소	제주도 제주시 화삼북로 136, 102-1004
이메일	huang1234@naver.com
연락처	010-7651-0117
홈페이지	https://class.authorshouse.net
ISBN	979-11-94947-26-4 (13230)

- 이 책은 저작권법에 의하여 보호를 받는 저작물이므로 무단 전재와 복제를 금합니다.
- 파본은 구입하신 서점에서 교환해드립니다.
- 이 책에 사용된 성경 말씀은 《성경전서 개역개정판》이며 대한성서공회에 저작권이 있음을 알립니다.

《성경전서 개역개정판》 Copyright ⓒ 대한성서공회 All Rights Reserved

함성행성

인생을 바꾸는 한 권의 책, 〈함성행성〉이 선물합니다.

함성행성은 〈작가의 집〉의 출판 브랜드입니다.